教師のモラルとは何か

子どもと親の信頼を得るために

佐藤広美

新日本出版社

目次

第1章　教師のモラルが問われる時代　43

終章　教師のモラルを問いながら、子どもと親を寿ぐ――大江未知の実践 201

まえがき――私はなぜ娘の学校を訪ねたか

新採教師の苦悩

若い教師のことを考えるとき、真っ先に頭をよぎるのは、以前に、読んだ『新採教師はなぜ追いつめられたのか　苦悩と挫折から希望と再生を求めて』（久冨善之・佐藤博編著、高文研、二〇一〇年）である。読む途中途中で、何度、胸を締めつけられそうになってしまったことか。

三人の新採教師（小学校の女性教師）の自死の原因が検討されている。また、新任教師のときの困難と苦悩のありようと、それを乗りこえてきた若い三人の教師の手記が書かれている。痛ましいまでの多忙と過労、深く傷つけられる教師としての誇りに、胸が痛む。ここに書かれていることは、嘘ではない、事実なのだと思う。

「あほ、死ね、ぼけ、包丁で刺すぞ」と暴言を吐く子どもたち。一日三回お漏らしする子どもや授業中にベランダから中庭に出ていってしまう子どもたち。ベテラン教師がいうには、これまでにはみられなかった子どもたちの姿である。

攻撃的な親の言動とつるし上げの学級懇談会。学校・教師にどのような苦情の言い方をしようと構わないという学校＝サービス機関、親＝消費者という意識が深く浸透している。若い教師はなおさらこうした自分より年上の親の言動は身にこたえるであろう。

そして、同書がもっとも強調しているように思われるのが、管理職・同僚関係がかえって若い教師を追いつめているのではないのかという事実。「アルバイトではないんだぞ。ちゃんと働け」という先輩同僚からの叱責《しっせき》。配布物を忘れたなどで親から出る苦情に対し、「はじめは誰でもよくあることだよ」と若い教師を支えるどころか、反対に「あなたが悪いからだ、あなたの責任だ。一軒一軒、謝りにいきなさい」と責める側に回る管理職。父母と学校の関係を穏便に収めたい、ということのようだ。

「私は純粋に子どもたちの難しさに寄りそい、助けてほしかった」。「教師だってほんとうは励まされたい」。若い教師たちは、なにより、こうした支えあい助けあう職場関係と仲間関係を切に願っていたということだ。同書は、今日の教員政策は教師を支えるどころか、むしろ追いつめる性質を持っているのではないのか、と述べている。この指摘が妥当なのかどうか、真剣に、じっくり考えたいものだと感じた。

暴言を吐く子どもたち

娘が小学校四年生の時のことである。担任のY先生は、二〇年以上のベテランの男の先生であった。父母懇談会があり、Y先生は、「死ね、ぶっ殺すということばが飛び交う教室だ」と話し出した。「お前は、嫌いだ」。教師生活で初めて言われたそうである。授業は数人の子どもたちだけと行っている感じだという。Y先生はとうとう血圧が一八〇以上にあがってしまった。

荒れる、キレる、閉じこもる、パニックになる、固まる、暴言を吐く、自他を傷つける、攻撃する。小学校教師山﨑隆夫の『パニックになる子、閉じこもる子達の居場所づくり』(学陽書房、二〇〇一年)を読んでいたので、娘の教室も同じことなのかな、とふと思ったりした。生きることや存在すること自体に不安を抱く子どもたちがあらわれ、だからこそ、深い共感を持ってしっかり抱きしめることがいま必要だと山﨑は述べていた。

だんだんにわかってきたことだが、とくに、タケシくんを中心にした男子五名が、授業妨害をくりかえしていたようである。タケシくんは、「この授業の目的は何か」と教師を問い詰め、納得できなければ、「意味がない!」といっては、五名が一緒になって、塾のテキストを広げるなど、めいめい勝手な行動をとる。時には、漫画を読み始めることも。

Y先生は、調子を崩し、代わってK先生(二〇代半ばの非常勤講師、男性)が受け持ちになった。K先生はよくがんばったと思うのだが、娘の話から察して、子どもたちの「荒れ」「暴言」はいっこうに収まることはなかったようだ。それで、ちょっと教室に出かけてみることにした。

参観した授業は、子どもたちの「荒れ」を意識してのことだと思うのだが、隣のクラスのU先生が、友だちの気持ちを考えようという「気持ちあてゲーム」を行っていた。ゲームをし、感想文を書かせるものであった。タケシくんは、一番前の机に座り、「なぜ、こんなゲームをするのか」「目的は何か？」、そして「無意味だ！」ということをさかんにU先生に言っていた。それは、そのゲームの胡散臭《うさんくさ》さを嘲《あざけ》る、という強い攻撃性を帯びた態度のように映った。いっしょに行動する男子四名もそれに応じていた。U先生は「人間にはやってはいけないことがある。それは子どもも同じだよ」といい、タケシくんに応えていた。

感想文をあとで見せてもらったが、タケシくんたちは「ゲームはくだらない」「面白くない」と、完全に否定した感想を書いていた。女子のなかには、好意的な意見を述べる子も多く、「男子は自分勝手」とし、「いまの四組は最悪だけど、きっと良くなる」と希望を綴る子もいた。

その日は、社会科、体育の授業などを見せてもらい、放課後、若いK先生と、タケシくんのことなどを少し話した。

「合理的な生活」と「苛立ちの感情」

タケシくんは、なぜ、授業妨害をし、教師に暴言をくりかえすのであろうか。K先生や娘の話などを聞いて思った。タケシくんは、水泳が得意で、スイミングスクールに頻繁に通っている。小学生の、その年齢における、ある競技種目の記録を保持しているのだそうだ。水泳にずば抜けた才能がある。練習を欠かせぬ一週間の生活。記録を維持し、少しでも、記録を縮めるために、日常の生活が組み立てられている。

記録に向かって日常がつくられる。あたかも大人のスポーツ選手のように。記録のための合理的な環境が用意されている。記録を伸ばすことで、毎日の生活の価値が決まる。毎日がそのように価値づけられる。彼のなかでそのように価値観が形成されていく。

だとしたら、学校の生活も、何か目に見える記録のような目標を設定して、それに向かって組み立てられているべきだという考え方が生まれる。そのためには、できる限り無駄はなくさなければならない。水泳の練習にとり組むような目標の設定。目標が設定されて、毎日がそれをこなすように行われなければならない。

タケシくんが、「今日の算数の目的は何か」と、一番前の机で、しつこく教師を問い詰めるのも、そのような考えがあってのことだったのではないだろうか。生活が合理的に組み立てられていないことに、あるいは目標がしっかり定まっていないことに、無性に苛立《いらだ》つ、ということのように思われた。無駄な時間は徹底的に排除されなければならず、攻撃の対象にして構わないという感覚。「うちの子は、損か得かを中心に考えて生きている」と、タケシくんのお母さんがある茶話会で話していた、と妻から聞かされていたことを思い出した。

目標に向かった徹底した合理的な生活とは何だろうか。そのために、かえって抑えのきかない苛立ちの感情（攻撃）をつのらせてしまう、そういう子どもの生活とはいったい何なのだろうか。

学校の勉強は、水泳の記録のような数値で示せる目標ばかりではないはずだ。たとえば、みんなでいっしょに考えてみましょう、という目標もありうる。自分とは違った他者の意見を聞いて、さらにものごとの理解を深める、という目標だってあるわけである。学校の勉強の目標は、このように一人の合理性の追求だけではなりたってはいない。

タケシくんに、このことを理解してもらうことは、大変に困難なことであるに違いない。しかし、このことに少しでも答えることができなければ、タケシくんの教師への暴言と妨害は、止めることはできないこともたしかである。その点をしっかりおさえた上で、そのためにも、まず、タケシくんの苛立ちを受けとめ、理解（共感）することからはじめる。私は、その日の放課後、K先生とそんな話をした。

「三分の一ずつの責任」

その後、タケシくんたちの授業妨害をめぐって、校長先生とK先生を交えて、保護者五、六人で、校長室で話し合う機会があった。K先生は、これまでの子どもたちの様子を話した。お母さん方からも、こもごも意見が出された。校長先生は、事態を深刻に受けとめていると述べ、学校全体でK先生を応援する態勢をとりたいとし、タケシくんたちの保護者とも話し合う機会をもち、改善策を練りたいとした。そして、学校側もできるだけの対応をとるので、結果が出るまで待ってほしい、と続けた。

私は、この校長先生の保護者への誠実な態度と、若いK先生へのあたたかい配慮（＝見守り）というものを感じながら、その場の雰囲気に助けられつつ、「三分の一ずつの責任」という話をした。これはある本の受け売りであるが（浦野東洋一著『開かれた学校づくり』同時代社、二〇〇三年）。

「子どもがまっとうにといいますか、よりよく成長するには、子ども本人の自覚とか努力が必要ですが、それに加えて、家庭環境や家庭教育も大事ですし、それから学校・教師の教育活動が十分に行きとどいていなければならないと思います。この三者がそれぞれの持ち分で頑張りながら、三者がコミュニケーションを取り合って、力を合わせる、そういうときに一番子どもがよく育つんではないでしょうか。

ですから、今回のことについては、教師に指導能力がないとか、学校側の対応が不十分だとか、あるいは、親のしつけができていないとか、問題行動を犯した子どもに厳しい処分をすべきだとか、というふうに、相互に責任を投げつけるのではなく、三者がお互いに三分の一ずつの責任をとるような、そういう構えが大切なのでないかと思ってます。教師にすべての責任があるというふうに背負い込むのではなく、子ども自身にも暴言の理由をしっかり考えてもらい、親御さんにもわが子が教室でどのような行動をとっているのか、その原因を考えてほしい。三者が三分の一ずつの責任をきちっと取りあって話し合う。そういう場を、それこそ学校は用意してほしい、と思います」と述べた。

校長先生は、この「三分の一ずつの責任」という考え方に、ふと納得できたような表情をみせたように感じた。いま思い返せば、この校長先生は、大変にすぐれた先生であったように思う。若い臨時の先生を一方的に責めることなく、同僚の先生方に若い教師を支えるよう働きかけ、さらに、親たちと正面から対座する姿勢を見せた。親たちをはじめから説得の対象としてしか見ずに、じっくり話をきいてみることを避けるような、そういうことはしなかった。親たちの率直な意見をまずは聞いてみる、という腰の据わった落ち着きがあった。解決策をあせらず、ともに考えあって探りあてる、という姿勢が感じられた。

若い教師は、やっぱりこうした三者の関係をしっかり見据えられる管理職のもとで成長できるのではないのか、と思ったのだった。

序　章　教師は子どもとともに生きる

——教師のモラルとは

教師のモラルは何によって育つか

かつては誰もが学校に出かければ触れることができた子どもと教師の「笑顔」。それが、今の学校では、なかなか見かけることができないのではないだろうか。もしかして、学校では、教師と子どもたちがいっしょになって楽しさや夢を育む「時間」が奪われてしまっているのではないだろうか、という不安すらよぎる。退職した教師から、あるいは年輩の親から、学校の話をしている最中に、私はこのようなつぶやきにも似た心配の声を聞くことがある。このつぶやきにしっかりと向きあってみる必要を私は感じてきた。学校では、教師が子どもとともに笑顔を見せることがだんだんできなくなってきている。それはなぜなのだろうか。笑顔の消失は、教師にとって生きる上で大切な問題を自らに投げかけているような気がする。笑顔を失いかけている自分の仕事っていったい何だろう。

教師は、いま、次々と出される文科省の学級経営に関する指導方針やカリキュラムの新しい考え方に引きまわされ、忙殺されてはいまいか。「教員評価育成システム」や「アクティブ・ラーニング」「個別最適化学習」や「ＧＩＧＡスクール化構想」といった教育政策が打ち出してきた言葉がそれである。これらの言葉に適応する教師こそすぐれた教師であるという観念を植え付けられているのではないか。学校経営のＰＤＣＡサイクル（Plan-Do-Check-Action）をスピード感をもって上手にこなす教師こそ高い資質を持った教師である。「教育改革の時代に生きる教師」という理念が強迫的に目的化され、学校現場に降ろされてきている。それがいまあたり前の現実となって迫ってくる。

そのためであろう、それがかえって教師をして、目の前にいる子どもたちがいったいどのような悩みを抱えながら小さな胸を痛め、傷つき、声にならない声を潜ませているのか、そのような子どもの現実に生きている切実な問題から目を背けさせてはいないだろうか。教師は、それに気づくことすらできなくさせられてしまっているのではないだろうか。教育行政から降ろされてくる課題に応えるために、現実の子どもの問題が置き去りにされてしまっている。評定をする人の方に気をとられて、子どもの方を向いていないという結果が起こってしまっている。教師は、いま、教育改革の時代の下で、「子どもとともに生きる」というあたり前のことができない事態に立ち至ってはいないだろうか。生活のなかで傷つき悩み、あるいは喜び悲しむという子どもの生態に触れる。それは子どもとともに生きることの実感をともなってはじめて可能となってくるものだろう。教師が子どもの笑顔をみることができるのも、そうした問題を解決する関係ができているからこそではなかったか。

教師は子どもとともに生きる。しかし、現実の教師は、子どもと教室で学校で地域で、いっしょに過ごす仕事をしているにもかかわらず、「子どもとともに生きる」という実感を得ることがひどく困難なものだということを日々痛感している。現代の社会では、子どもと日々同じ教室にいながら、「ともに生きる」ことがきわめてむずかしいものになってしまっている。

子どもの声を聴きとることができない。子どもが声を発しても、自分の胸の内にはなかなか届いてこない。願ってもともに生きることは許されない。気持ちはあっても、身動きがとれない。

このような状況におかれることで、しかし、少なくない教師は、人間としてのモラルを目覚めさせることになる。「痛み」とともにそれを自覚するのではないか。「私は笑顔を失ってはいないだろうか」。

教育行政の課題に応える仕事もあるけれども、もっと大切な、教師本来の仕事というものがあるだろう。子どもとともに生きるという、あたり前の教育の姿を取り戻すこと。教師のモラルはこうして生まれ、つくり出されてくる。目の前にいる、現実の子どもの問題をいっしょになって考え、学びにおける「つまずき」や友達関係の「いじめ」や家庭内の「虐待」などの問題をともに解決しようと努力する。それこそが教育の本質であり、教師のもっとも重要な役割だという理解を深める。一人ひとりの子どもの発達の課題にていねいに応えていく。この本来の仕事を犠牲にしてはならない。教師のモラルとはそのような思想のうちに形成されていくものだろう。

教師のモラルは何によって育つのか。私は、教師のモラルは子どもとともに生きるという教育実践に対する自覚において育つものだと考えている。「子どもとともに生きる人間としての教師の教育実践」（坂元忠芳『子どもとともに生きる教育実践』国土社、一九八〇年）とは何かを深めてみる。その探究の過程においてこそ教師のモラルは育つし、自覚されるものだろう。坂元忠芳は、子どもとともに生きるという教育実践の思想は「私自身のなかの人間的なものの発見そのものにほかならなかった」と述べている。坂元は、みずからの三年間の教師生活をふまえ（一九五五年〜五八年）、子どもの「いのち」のかがやきにふれようとする時、自分自身のなかに「少年時代の心の貧しさ」（たとえば、戦時体制下の学校における）がよみがえってくるとし、子どもとともに生きるということは自己のなかで少年時代を取りもどすこと（少年性の再発見）でもあったと述べている。かけがえのない少年期を取りもどすこと。そのことは、坂元自身の体験とくらべて、（別の状況下ではあるが）はるかに非人間的な形で少年時代が喪失させられようとしている今を生きる子どもたちだからこそ、また、そのような非人間的状況におかれて生活した若者が小・中学校の教師になっていく現在においては、いっそう、子どもとともに生きるという思想は深められなければならないと坂元は述べていた。子どもとともに生きる教育実践は、教師のうちに「人間的なもの」（モラル）を発見することをいざなう。いつでも呼び出すことのできる自分のなかの「少年」が存在し続けていることに確信をいだき、子どもとつながる想像力をたえず鍛え続ける重要性ということであろうか。私はこの問題を深めたいと思う。

私は、この問題を、さまざまな事例にそくして、具体的に理論的に、そして歴史的文脈を通して考えてみたいと思いはじめたのである。

若い教師のなかにある「教育の良心」

私が長い付き合いをさせていただいている教師の一人に山﨑隆夫がいる。山﨑は、三八年間東京都の公立小学校で教師を務めてきた。『パニックの子、閉じこもる子達の居場所づくり』（学陽書房、二〇〇一年）、『希望を生みだす教室』（旬報社、二〇〇九年）、『教室は楽しい授業でいっぱいだ』（高文研、二〇一七年）などの著作がある。山﨑は、最近、おもに若い教師に向かって教師の仕事とは何かを語りかける『危機の時代と教師のしごと』（高文研、二〇二二年）を出版した。この本の冒頭で、山﨑はいう。

「いま子どもがなにを求めているか、教師を生きるとはどういうことか、時代の困難と重ね合わせながら二つの視点から考えてみたい。一つは教師が子どもと出会い、彼らと共に生きる大切な役割と魅力について。もう一つは、今という時代の重い課題の前で、〝揺るがぬ軸（人間観や教育観）〟をどこにおき、私たち教師は生きていくべきかについて」。

子どもとともに生きる教師の役割と魅力。そして、深刻な重い課題の前でも揺るがぬ人間観の形成の重要性。二つの課題が語られる。教師を生きる、子どもとともに生きる、という言葉が私には響いてくる。

山﨑の子ども観が端的に示されるところを引いてみよう。

「子どもは聴きとられることで、抱えていた負の感情や否定的だと思われる行為も、その子の内部で修復され、生きる力へと転化していく。子どもたちから発せられる言葉の中には、この時代のありようを鋭く問い、変革を求めようとする強い願いや声もある。自己の生と未来に対し、確かな歩みをするために異議を申し立てているのだ。その声を丁寧に聴き取り彼等と共に歩みたい」。子どもたちが見せる否定的な感情に徹底的につきあい寄りそうことのできる教師。子どもたちの声を辛抱強く聴きとり、ともに生きていこうとする教師の姿が示されている。

このような子ども観をもつ山﨑は、若い教師のうちに育まれている「教育の良心」について述べていた。次のような語りだ。

教育実習生の悠木彩の子ども観には、「どの子も切り捨てない」「この子にも可能性がある」――、そんな発想がある。若くしなやかな、そして教師を支える根源的な視点、「教育の良心」があるのだ。

若い教師の井上梨花の教育実践には、現在多くの学校で教師に求められる「学校スタンダード」的対応や、「子どもを〝しめろ〟〝つぶせ〟」という「強圧的・管理的指導」はない。困難を前にして、子どもの尊厳を踏みにじる〝指導〟を選択しないで、悩み葛藤《かっとう》し、何が子どもの心を動かすのかを必死で模索している。この井上の姿勢のなかに、深く温かく人間的な「教育の良心」を感じとることができる。

山﨑は、いったん決められた教育目標を滞りなく遂行することを第一義に考える「学校の日常」

に疑問を感じ、まずは子どもに寄りそってみてもいいのではないのかと考える若い教師の「教育の良心」を重視しているように見える。なぜ、山崎は、若い教師に「教育の良心」をみてとり、それを深めてみる必要性を感じるのか。しなやかさや無条件の温かさを持つ若者だからこそ、また、必死さや深い葛藤から逃れられない経験の浅い未熟さゆえにか。おそらく教育の良心はそういう若さと無関係ではないだろう。そうしたことを含みつつ、山崎は、若い教師になぜ教育の良心は顕著に生まれるのか、私たちにいちど徹底的に深めてみてはどうかと語りかけているように思われた。

そこから山崎は、戦後のすぐれた教育学者である勝田守一《かつたしゆいち》（東京大学教授、一九〇八年～六九年）の論文「教育の倫理的支柱」（『教育』復刊創刊号、一九五一年一一月）に書かれてある「教育の本質」論に思いを寄せていく。「教育はつねに倫理を求めている」と述べる勝田論文の核心に迫ろうとしていた。勝田論文の主旨は次のようなものであった。

戦後のはじめ、侵略のためであった戦争の愚かさと罪を反省し、教育政策に従属し国家に奉仕するのではなく、子どもとともに歩み子どもの幸せを真に実現する教育とはいったいどのようなものでなければならないのか。希望をもって新しい時代を切りひらいていくのは、ほかの誰でもない戦争に荷担した自分たち教師であるほかなく、だからこそ自らを支えるために、反省を促し自己を見つめ直す契機となる「教育の倫理」は深められなければならない。

勝田の教育論に山崎が惹かれる理由《わけ》が解けてくる。

私は、教師の仕事とは何かを語るうえで、山崎が「教育の良心」に言及したことを重くみたい。

子どもとともに生きることで教育の良心は呼び起こされ、教育の良心は「教育とは何か」を考えさせるとともに、自らの教師としての生き方を問う力を授けてくれる。教師のモラルを考える私の試みに、山﨑の長い教師経験から語られた「教育の良心」という言葉は、ある確信を与えてくれたような気がした。

勝田守一と生活綴方教育との出会い

私は、戦後のはじめ、勝田守一が教師のモラルをなぜ論じようとしたのか、その点に強い関心をもってきた。

勝田は、一九五一年、『教育』(国土社)の復刊にかかわり(『教育』は一九三三年から四四年まで岩波書店より刊行、編集の中心母体は戦前教育科学研究会)、編集長に就いた。翌年の一九五二年三月に戦後教育科学研究会(戦後民間教育研究運動団体の一つ)の再建にとりくみ、後に初代の委員長を担っていく(一九六一年)。

勝田は、一九五二年、岐阜県恵那地域の生活綴方《つづりかた》教育運動に出会い、実践のすばらしさに目を見はり、その担い手の教師の資質はどのように形成されてきたものかという思索を重ねた。恵那の学校を訪問し、教師への聞き取りを行った時の論文「子どもの幸福をまもる教師たち」(『教育』一九五二年八月)で、生活綴方という子どもの表現活動のもつ教育的意義を、勝田は次にようにとらえた。

「表現は、生活を正しく見つめることを通して、環境と主体との関係を、次第に客観化することに進んで行く。そして、それは、ゆがめられた感情に統一と平衡とを回復するはたらきをおよぼして行く。教師は綴方や生活記録の中に子どもの問題を発見する。しかしそれ以上のところに綴方の教育的意義がある。それは表現活動によって、生活を直視することを通じて子ども自身が感情のしこりをときほぐすということである。まっすぐな認識がここでゆがめられた感情を人間的に蘇生《そせい》させる」。

教師が子ども（の問題）を理解するとともに、子ども自身が生活を見つめることであらたな人間性を回復することができるとしている。ここに生活綴方の意義がある。

恵那の教師の教育実践は、「閉塞した子どもの精神が、表現と伝達というもっとも人間的な能力を獲得することを通じて、人間的に自覚して行く過程を語っている」とする。「そこでは、抽象的な表現の世界だけがだいじなのではない。教師という人間と『かけがえのない人間』である子どもとの『人間的な関係』が表現を通じて次第に強く打ち立てられて行くことがだいじなのである。この関係を軸として、子どもの閉ざされた精神が開かれて行く。表現活動は教師への信頼の深さを前提とすると同時に、その信頼を深めるのである」。

生活綴方は、子どもと教師との人間的な関係が表現を通して形成される教育実践であった。人間的な関係がなければ生活綴方は成立せず、綴方を通して教師と子どもとの信頼はいっそう豊かに結ばれていく。人々を長く苦しめた戦争と敗戦の体験は、学校の場において、教師と子どもの信頼関係をいったんは大きく崩してしまったのではなかったか。子どもたちはそれまでの教師の姿勢に深い不信感をつのらせてしまった。教師は、信念を見失い挫折し、虚脱に陥った。教育は教師と子どもとの信頼関係の上にできあがるはずだ。生活綴方教育は戦争の後に来るべきもっとも望まれた教育のあり方を体現しているものではないだろうか。勝田はそのように考えたのだと思う。

私がとくに注目したいのは、戦後、生活綴方教育（運動）を恵那という地域で起こした教師はいったいどのような人々であったのかという、勝田の考察である。「教師の、社会に対決する態度と、子どもの現在と未来にそそぐその誠実なまなざし」と勝田は恵那の教師を形容する。教師における「対決する態度」と「誠実なまなざし」。勝田は、この点を深めることで、生活綴方教育の本質を探り出せるに違いないと考えた。

勝田には、大きく二つの解明すべき問題があった。一つは、恵那の教師のうちに、なぜ当時、日本全国に流行を見せた欧米からの授業方法や教科に関する「新しい考え方」（＝新教育）が広がらなかったのか、という問題であった。欧米からの新教育の「受容」が大事なのではなく、現実の「恵那の地に根ざす教育」を創造することが求められる。恵那の教師が志したその理由を解くことであった。恵那の地に根ざす教育が生活綴方教育の復興であった、その解明である。

もう一つは、これがいっそう重要な問題になってくるのだが、恵那の教師が戦前に自らが行った教育、すなわち侵略戦争に迎合した教育をきびしく自己批判し、その反省の上に立って、生活綴方教育が国家の教育を批判し真に子どもたちの幸せに応える道であるという確信をつくりあげた、という点の解明であった。

私は、勝田の生活綴方教育との出会いの中に、「教師のモラル」の探究を感じる。なぜ、恵那の教師は生活綴方に教育の良心を見いだそうとしたのか。その力は何によって可能だったのか。

恵那の教師の「まじめさ」——子どもとともに生きる

勝田守一は、論文「子どもの幸福を守る教師たち」で、戦前の恵那はきわめて誠実な「皇国教育」であったと述べる。この皇国教育のなかには、二つの「態度」を区別する必要があるとする。一つは、皇国教育に「迎合する態度」、もう一つは「それを国民大衆の運命のために、誠実になしとげようとした態度」、であった。戦前、恵那の教育が他のどの地域とも同じように「皇国教育」を行ったことは間違いない事実であったとしながら、その教育のなかに「国民の運命とともに生きようとした誠実な精神と努力があった」ことを勝田は重視した。そして、じつは、この誠実な態度こそが、敗戦を契機として、恵那の地域と教育の現実に対し「かえって直視への道を開かせた当のもの」であったと述べるのである。

勝田は、皇国教育に迎合した恵那の地域から、いったいどのようにして生活綴方教育が生まれてきたのか、その原因を突きとめようとしている。国民大衆とともに生きようとした誠実な態度が恵那の教師には、戦前、すでに具《そな》わっていた。国家のための皇国教育に献身しつつ、一方で、国民とともに生きようとする誠実な精神がしっかりと恵那の教師には存在していた。この精神と態度こそが、敗戦後、生活綴方教育の意義を自ら発見する力になったのではなかったか。勝田はそう考えた。「戦後の官製の近代化教育に対して、不信を抱き、『新』教育の単なる合理化の運動に同感を示さなかった理由はここにある」。勝田はこう述べた。もっと真実の「新教育」が求められなければならない。日本の庶民の生活に根ざし、庶民の生活の解放のための教育。「こうして、綴方教育によって恵那の誠実な教師たちは立ちあがったのではないだろうか」。

戦前に培った大衆の運命とともに生きようとする誠実な態度こそが戦後の生活綴方教育を生みだす大きな力となったのである。

では、じっさいのところ、恵那の教師は侵略戦争に荷担した教育をいかに批判したのか。そして、皇国教育に迎合した自らの内にどのようにして民主主義の精神を形成し得たのか。論文「子どもの幸福を守る教師たち」では、この究明はまだまだ不十分であった。さらに、次の論文「変革される教師像——林鉦三氏の実践が教えるもの」(『教育』一九五三年三月)で、勝田はこの問題を深めていく。

林鉦三は恵那の教育研究所に所属する戦前からの教師であり、大陸で戦場を生きぬいた経歴をもつ。林はいう。「時局教育こそ努力の中心であるべきと思った。もっと直接戦列に加わっていることを意識することがしたいという焦燥があった」「軍隊のことと戦時中のことを悪しざまにいうのを聞くと何とも言えない不快なものを感じた」（林の回想手記）。こうした考えをもつ林が、戦後、教員組合に加わり、生活綴方教師へと自己変革をとげていく。勝田は、この林の自己変革はどのようにして起きたのか、それを読み解く努力を行っている。おそらく、単純な戦前の否定、戦前教育の全否定ではすまされない。戦後の出発時にもっていた教師・林の可能性を探らなければならなかった。

戦後、教師の自己批判と自己変革はどのようにして可能であったのか。それは教師における「まじめさ」、子どもとともに生きることに対する「まじめさ」にあった。教師における「子どもとともに生きるまじめさ」こそが批判と変革を可能とする、と勝田は考えた。教師林鉦三に「ひときわ図抜けた」まじめさが存在した。

「このまじめさなしに、『自己改造』は絶対にあり得ないということに関して考えてみたい」。

勝田は、日本の教師に特有に形成される「まじめさ」の本質的な意味を探る。「教師は子どもの存在と切り離すことはできない。どんな社会のもとでも、教師は子どもとともに生きてきたのである。この教師の本質的なあり方は、かれのまじめさを独特のものとする。子どもと大衆の方を向くことから生まれる『まじめ』さである」。

子どもの方を向くまじめさゆえに、私たちは、教師に、子どもに偏りのない教育愛や、子どもの人格の尊重や、子どものために献身的に尽くす教師の人格性を、思い描きそれを願い、理想の教師像を表象してきた。子どもとともに生きることが教師にとって「第一の資格」となり、その資格を教師に要求してきた、と勝田は述べる。

しかし、教師への要求はこれだけではない。他の要求、ここでは特に、「国の支配権力の要求によって、（教師は）重荷を背負わされて来た」。この国家権力の要求によって、教師は「しばしば重大な矛盾につき当らなくてはならなかった」。子どもとともに生きるという要求は、国家権力の要求にしたがうこととしばしば対立する関係をもっていた。第一の資格を貫こうとすればするほど国家権力との要求に生じる矛盾ははげしさを増すということになる。

恵那の教師は、子どもとともに生きることにまじめで誠実であった。同時に、国家からの要求に対しても誠実に応えた。そのために「重大な矛盾」を抱えていたのではないのか。勝田はそのように考えた。

恵那の教師は皇国教育に誠実であったが、そこには二つの「誠実さ」が存在し、一つは「皇国教育への迎合」であり、もう一つは「国民大衆とともに生きる誠実な精神と努力」であったという先の指摘も、同じ意味だろう。

勝田は、林鉦三から長い手記を渡され、それを読んで、「重大な矛盾」を抱えた林を見いだす。「ペスタロッチのような教育がしたいと思うが、いっこうに思うようにならない。ただ子どものことばかりを考えた」。国民学校時代、「世界性と普遍性」ということは否定され、特殊な「皇国民の錬成」が目的とされた。「それでよいのかと考えはしたのであったが」（勝田は引用文中に傍点を付している）、自分は真の日本的自覚を持った「皇国の道の行者であり、先達でなくてはならぬと考えるようになった」。手記はこう述べていた。

自分を率直に語るこの手記から、勝田は、子どもとともに生きようとする教師が、国家権力の要求にぶつかり、「どんなにその愛情と使命とを貫こうとしたのか」、その「苦しみ」を感じとっていく。

「自ら鞭打つこと激しかったものだけが、『自己改造』の道を見出した」。勝田は、林の手記からこうした事実の一つを見いだそうとしたのではなかったか。

恵那の教師は侵略戦争の本質を問わない無知を原因に「重大な矛盾」を抱えたが、その矛盾が深刻であればあるほど、戦後、矛盾は自らの生き方に「負い目」をもたらし、社会への眼をひらかせ、自己変革へと進む力を与えたのではなかったか。林は「子どものために一生懸命やることが、自分の真に生きる道であり、戦争中の罪ほろぼしである」と手記に書いた。子どもとともに生きるというまじめさを再びとりもどし、戦時中、国家に屈服し、ともに生きることに徹しきれなかった自分を恥じ、自己批判し、「生活綴方教師として生きる」という戦後の再出発を誓った。

勝田は記している。「(林をして)社会と歴史とに眼を向けさせたのは、この負い目ではなかったかと思う。この負い目の自覚は、教師の純粋とまじめさから生まれると私は固く信じている。子どもへの責任は、まず自己への鞭となり、鞭はどうしても自己変革の要求を貫徹させないではおかないであろう」。

勝田は、林を自己変革させたのは、さらに「社会科学的認識と並行する現場の民主化の実践であった」と述べる。社会認識と組合活動の経験が自己変革を促したことは間違いない。しかし、勝田がとりわけここで強調したかったことは、林の「教師だましい」であった。それは子どもとともに生きるという日本の教師が培ってきた「まじめさ」と「誠実さ」のことであった。まじめさが子どもとともに生きることを貫けなかったことを恥じさせる。自己を批判する。変革を促す力となる。

上から与えられた「新教育」では、戦前の教師自らの生き方を批判することはできない。「新教育は、恵那の地では、流行にならなかった」。「古い日本や日本の教育に対する克服は自己自身の厳しい批判を通過することなしには行われなかった。古いものが古いというだけで、やぶれ草履のように捨てられることはなかった。そのようなことでは捨てる自己は変革されず、所有されたものが身を離れるだけだからである」。

戦前の否定すべき教育と徹底的に向きあうこと。戦前の教育を批判し克服するためには、古いものと真に向きあう必要がある。じつは古いものの中には戦前の教育を否定し、新しい民主主義を生みだす力が隠されている。古いものの中に新しいものが宿る(「古いものの新しさ、新しいものの古さという、この重大な問題」と勝田は表現した)。勝田は、それを子どもとともに生きるという教師のまじめさにあるととらえた。このまじめさに確信を得て、それを回復させ、育てることこそが厳しい自己批判を通過させることができる。こうして自己変革は、新しい衣装に取り替えるようなものとは違った自己への厳しさを獲得する。恵那の教師は、子どもとともに生きるというまじめさを取り戻すことで戦前の生き方を改めることになる。そして、生活綴方教育に、新しい自己の生き方を見いだしていく。

勝田は、恵那の生活綴方運動の出会いのなかで、教師の生き方を考えようとした。教師のモラルを問おうとした。生活綴方教育という生き方を選んだ教師は「まじめさ」や「誠実さ」が際立った人々だった。それは偶然のことではなく、戦争を肯定した自らの生き方への痛切な反省を試みている証《あかし》であった。

なお、勝田はこのように恵那教師の「まじめさ」について真剣に考えたのであるが、そこに教師のユーモアの存在をみている点を付け加えておきたい。教師のモラルを解くとき、ユーモアが欠かせないという勝田の観察である。

勝田は訪問した恵那の教師たちを次のように描いていた。「聡明でしかも勇気にみちている人々。男性的なユーモアではり切った空気をときほぐすことのできる人々。あふれる愛情と鋭い理知とをどう調和させたらよいかと絶えずたたかっているような表情を見せている人々。おだやかに微笑し、地味にこつこつと子どもと取り組んでいる人々」。

また、教師の林鉦三について、こう記述している。「私たちが思わず笑いだしたエピソードがある」「面目躍如たる林さんの真摯《しんし》な行動に、私たちはどうしても好意あふれる笑いを抑えかねたのである」。

勝田は、恵那の教師のユーモアを深く掘り下げてはいないが、教師のまじめさはユーモアを生みだし、ユーモアがまじめさを支える、という真実を述べていたのだと思う。私は、ユーモアが教師の生き方を支え、自己を批判する大切な力をつくりだした、あるいは、自己を批判し変革していくためにはユーモアは欠かせないということを、この勝田の記述から読みとりたいと考えている。恵那の教師のまじめさは、頑《かたく》なに自分の考えに固執し、周りを寄せ付けない窮屈なものではなく、寂しさ、悲しさ、孤独、苦しさ、弱さ、駄目さに落ち込みそうな自分にいったん休止符を打ち、もう一度、深く自分をとらえ直してみるユーモアを意識的に取り入れようとした、そのようなまじめさであったのだと思う。子どもとともに生きるというまじめさは、どうしてもユーモア（笑顔）を必要としていた。子どもの中にみる寂しさや弱さは、同じように自分自身の中にもしっかり存在しており、それを笑って認めるというセンスである。ユーモアを含めて、恵那の教師のまじめさを理解していきたいと思っている。

戦後のはじめの頃、子どもたちの幸せを真に実現しようとする教育を行うには、教師のモラルを問うことは欠かせないことであった。恵那の教師に、それは端的に示されていた。

本書の構成

教師のモラルは「子どもとともに生きる」ことによって育つ。私はこのように考えて、この問題を解くことを思い立った。私は、四つの視点を設けて、この問題に迫っていきたいと考えている。まえがきでは、私が教師のモラルを考える一つの契機となった娘の学校訪問について書いてみた。

第一の視点（第1章）は、現代に生きる教師誰もがぶつかった最近の問題であり、教師のモラルが鋭く問われることになった「事件」についてである。

一つは、二〇一六年のやまゆり事件（相模原の障害者入所施設「津久井やまゆり園」で起きた大量殺傷事件、二〇二〇年の横浜地裁判決で死刑確定）である。「生産性のない人間は始末して構わない」という考え方をもつ人物が起こしたこの事件。私は教育成立の根本を崩しかねない優生思想がこの事件の背景に存在していることを感じ、教師のモラルが鋭く問われているに違いないと思い、この問題を取りあげた。

二つ目はコロナ禍における教師・学校の対応、三つ目はロシアによるウクライナ軍事侵攻についてである。コロナ感染拡大に対応する政府の姿勢には問題を感じた。子どもの声を聞くことなく突如として発せられた全国一斉休校措置や学習指導要領の完全履修を優先しようとする教育政策が展開された。これは、現場の教師のモラルをひどく傷つけたに違いない。

ロシアの軍事侵攻によるウクライナ市民が受けた恐怖と苦痛は計り知れない。「政府の行為によって再び戦争の惨禍」が起きた。現実のものとなってしまった。教師はこの事態をどう受けとめればよいのか、子どもたちと何を語るべきか。教師のモラルを考えながら、「戦争の惨禍が起ることのないやうにする」とはどのようなことなのかを考えてみた。

第二の視点（第2章）は、「子どもの貧困」をめぐる現状に対して教師はどのように向きあっていけばよいのか、貧困に対する教師のモラルという問題を考えた。日本では、「子どもの貧困率」

（二〇一八年現在）は一三・五パーセント、約七人に一人の子どもが貧困ラインを下まわっている。主要国三六か国中二四位という子育て世帯の困窮の実態である。こうした現状にある子ども・若者とともに生きる教師のあり方をあらためて考えてみた。

子ども・若者の少なくない部分は、自らの家庭の貧困を「自己責任」としてとらえてしまってはいないか。貧困の原因である社会の仕組みは問われず（社会性への思考回路の遮断）、もっぱら自分や親たちの能力や経済力の欠如に問題を閉じ込めてしまってはいないか（責任の内閉化）。この「自己責任論」という人間観をいかに克服するのか。子ども・若者とともに生きる教師の生き方に照らして、この問題を検討してみた。

子ども・若者の貧困問題が盛んに論じられる事態の中で、では、教育政策はどのような対応を示したのか、どのような関連を有していたのかを検討してみた。また、教育学の対応のあり方を考えてみた。

第三の視点（第3章）は、歴史の中で教師のモラルを考えてみることである。いま、私たちが学校で目にする問題は長い歴史を刻む問題でもあった。

毎年、卒業式の時期、卒業生を送る教師やピアノを弾く音楽教師は少なからず気が重くなる問題を抱えるのではないか。なぜ、卒業式は「厳粛さ」を要求され、生徒は高い壇に上がり深々と頭を下げ卒業証書を受け取り、教師や子どもを含め参加者全員は起立して不動のままに「君が代」を斉唱しなければならないのか。思想・信条が問われる時、自らの「従順さ」だけが晒《さら》される瞬間を味わう。なぜ、フロアー形式で卒業生と在校生は対面し、これまでの学校生活を振り返りお互いの成長を認め合い、卒業生は教師や父母らに感謝の気持ちを述べ希望を託す歌を合唱する、そのような子どもとともにつくる「最後の授業」としての卒業式を教師は行うことが出来ないのだろうか。涙があって、笑顔が溢れる卒業式である。

学校の行事を遂行していくとき、教師は自らのモラルが問われる場合がしばしばある。そんなときに、歴史に学ぶことは重要な手がかりを得ることができる。

近代日本の歴史を紐解くとき、強い力に向き合い、簡単には現実に妥協せず、高い精神の自立を見せた人々が教育の現場にいたことがわかる。ここでは、徳冨蘆花《ろか》や矢内原忠雄が学生の前で語った「人間の良心」を取りあげてみた。また、近代日本の国家権力がいかに教師や子どもたちの精神（モラル）を強く縛ってきたものか、それを教育勅語の歴史に探ってみることができる。それに抵抗する思想があった。学校の教師の経験もある石川啄木の『雲は天才である』や島崎藤村の『破戒』などにそれが表れている。いずれも、教師のモラルを考える大切な問題を指摘する小説であったことに気づかされるだろう。もう一つ、朝鮮植民地時代の教科書について書いた短い文章を載せた。

第四の視点（第4章）に、教師のモラルを考えるために、として書評とエッセイをいくつか載せた。エッセイは若いとき（大学院生や助手の頃）に書いた私のモラルに触れる学問観と退職の頃の二つの文章である。

終章として、序章で述べた考えを、もう一度、教育実践にそくして検討した「教師のモラルを問いながら、子どもと親を寿ぐ——大江未知の実践」を載せ、本書の締めくくりをつけてみた。

現実に起きた教師のモラルに関わる問題を、具体的に、理論的に、歴史的に、そして一身上の問題にそくして考えてみようとして、このような構成にしてみた。ほんの少しだけ、ユーモアを交えた文章を入れる工夫もしてみた。どの章から読み始めてもらっても構わないと思っている。

第1章　教師のモラルが問われる時代

1　教師が「人間の命」に向きあう——優生思想を考える

二〇一六年に、相模原「津久井やまゆり園」事件（障害者殺傷事件）が起きた。元職員の若者の刃物による大量殺傷事件であった（死者一九名、重軽傷者二七名、一九名全員が知的障害および他の障害を併せ持つ重度の障害者であった）。新自由主義は、ヘイトクライム（憎悪犯罪）および優生思想を社会に深々と浸透させた。

優生思想は、人類の「悪質な遺伝」を淘汰《とうた》し「優良な遺伝」を保存することをめざす思想のことである。この思想は教育の現場に静かに浸透してきているに違いない。その影響は私が想像する以上に深刻かも知れない。私は、この優生思想をこえる教育の思想とは何かを考えたいと思い、本稿を書いてみた。

生きている価値はないのか？

生産性のない人間は始末して構わない。二〇一六年七月二六日、相模原の障害者入所施設「津久井やまゆり園」で、刃物による大量殺傷事件を起こした植松聖《さとし》は、このような考えを持つ人物であった。二〇二〇年三月一六日、横浜地裁は植松被告に死刑を告げ、被告は控訴せず死刑は確定した。

植松は、犯行の数か月前に、当時の大島理森《ただもり》衆議院議長に手紙を渡そうとした。

「私は障害者総数四七〇名を抹殺することができます」。「理由は世界経済の活性化」のためです。「障害者は不幸を作ることしかできません」。「戦争で未来ある人間が殺されるのはとても悲しい」ことですが、「障害者を殺すことは不幸を最大まで抑えることができます」（朝日新聞取材班『相模原障害者殺傷事件』朝日文庫、二〇二〇年、所収）。

人間の存在理由は、経済発展に貢献できることにあり、障害者を殺害することはむしろ有益である、という強い思い込みがここにある。自分自身を「たいして存在価値がない」と思っていた植松は、「役立つ人間である」との証《あかし》のために事件を決行した（雨宮処凛編『この国の不寛容の果てに　相模原事件と私たちの時代』大月書店、二〇一九年、参照）。

弁護人「安楽死は誰を」。植松「意思疎通のとれない人間を安楽死させるべきだと思います」。
弁護人「具体的に」。植松「簡潔には名前、住所、年齢を言えない人間」。
弁護人「安楽死させると世の中はどうなる」。植松「生き生きと働ける社会になると思います」。
弁護人「やまゆり園の事件を起こして、世に中にどんなことを考えてほしいと思ったか」。植松「重度障害児を殺したほうがいいのだと、気づいてもらえればと思いました」。

第八回と九回の公判における植松との一問一答である。植松は、公判中、考えを変えなかった。

さまざまな思いが交錯するが、気になることの第一は、彼の考え方・言い方の「浅薄さ」である。物言えぬ重度の障害者には生きる価値はない（＝生産性はない）という典型的な優生思想のロジックは彼の思想を特徴づけるが、この考えに至る苦悩や苦い経験といったものはほとんど感じられない。内に向かう人間的な葛藤が弱く、スッと優生思想に入っていったように思われる。やまゆり園の職員でもあった植松は、その体験を苦しみに結びつけることはなかった。むしろ差別の感情を肥大化させるばかりであった。批評家の杉田俊介は、理性的な判断は働かず、非常に幼稚な感情とネット上の言説のデータベースを粗雑に直結させた人間、社会的に溢《あふ》れる悪意を吸い込んで自分の思考に組み入れるAIのような人格、と植松を形容している（雨宮編『前掲書』、立岩真也・杉田俊介『相模原障害者殺傷事件』青土社、二〇一七年、参照）。このAI的人間が出来上がった謎は解かなければならない。

第二に感じることは、この事件の根底にある現代社会の差別と排除の思想、その深い浸透ということである。植松はあきらかにこの思想の影響を受け、それに通じていた。雨宮処凛は、前掲書で、この国には「生産性のない者は生きる価値などない」「企業の営利活動に貢献できない者には生きる資格なし」といったメッセージが全国津々浦々まで浸透していると評した。事件後、ネット上では「犯行は許されないが、考えは理解できる」という声が寄せられたという。植松を支持する人は少なくない。

「命は大切だ」と言えば嘲笑され、愚かさの象徴とみなされる。公共の資源を無駄に食いつぶす依存者（障害者、在日コリアン、生活保護受給者など）として、少数者全般に向けられるヘイトスピーチ的言説の蔓延《まんえん》する社会。いかに短い言葉で相手を傷つけるかを競うゲーム化社会。言葉が凶器と化す。そして、このゲームに興じる人々は、これまで自分が尊重されたり、人権の大切さを実感する経験が希薄だった孤立する人々だった（雨宮、杉田）かもしれない。優生思想の社会背景を知る必要がある。

「生産性のない者は生きる価値がない」を理由とする、この重症の障害者、とりわけ重度の知的障害者への差別と攻撃を、子どもと人間の形成に関わる私たちはどのように受けとめ、これをいかに克服していけばよいのだろうか。とくに、教育は、現代社会で要求される知的能力を基礎にする生産能力の形成を本質的属性としているだけに、「生産能力が低い」（生産性がない人間）という差別は、教育成立の根底を崩しかねない問題となる。

作家の柳田邦男は、横浜地裁判決を聞いて、この判決の限界を指摘する。「いのちとは」や「生きるとは」といった根本的な問いへの考察が欠落していた。犠牲者一人ひとりには、家族や親友、ケアスタッフら、大切に思いを支えてくれる人がいた。その関係性は、支える人にとっても生きがいや愛情、人生の証となり、自らの生の一部になっていた。人はつながることで生きる意味を見いだせる。「つながるいのち」という視点こそ重要であり、深めてほしかった（朝日新聞取材班前掲書所収）。

「いのち」とは何か。この新しい人間観の探求が優生思想を超える鍵になるという提起であろう。「生産性がない」という基準で人間の価値優劣を決める思想を超えてゆくためには、「いのちとは何か」という人間観の教育学的深化こそが要求される。そこで、もう少しこの点を考えてみたい。

「病からの恢復」（大江健三郎）とは何か

作家大江健三郎の最初の息子光は、一九六三年、脳に障害をもって生まれる。頭部に大きなコブがあって、手術をして生き延びても障害は残るだろう。「植物的な人間になる」とも言われる。手術後、目は見えているようだが、耳は聞こえていないと思われた。六歳の時、山小屋で鳥の声に反応し、突然「クイナ、です」とはじめて声を発する。これが光の、その後の「恢復《かいふく》」のはじまりを告げる有名なエピソードとなる（『大江健三郎　作家自身を語る』新潮文庫、二〇一三年）。

大江健三郎は、自分の小説のもっとも本質的な主題が、生涯にわたって知能に障害をもつ息子と、家族ぐるみどのように共生するかであった、と述べている（『人生の習慣』岩波書店、一九九二年）。

「子供が障害を持っていると、その障害を自分の内部に担って一緒に生きようとする感じがあります。障害者の家族として、自分は障害を持っていないけれども、自分の中に障害を共有しているような感じで私たちは生きている」。

子どもが生まれ、植物のようだとも言われる。その子を手術してもらい、一生引き受けてゆこうと決意する。その決意が幾度もひっくり返りそうになりながら、子どもと一緒であることで若い父親と母親は救われてもきた。苦しみと、そこからの恢復の過程は、子どもとの双方で成し遂げられていく。新しい生命のなかにいるという感じを得るのである。

光が二〇歳の時、大江はアメリカのバークリー大学にいる。「僕はもうだめだ。二〇年も生きちゃ困る」という手紙を光からもらい、大江は動揺する。その時、宗教史学者ミルチャ・エリアーデの言葉を知る。「自分がここに生きているということ、存在したということは、誰も否定できない。それが人間の存在の破壊し得ないこと」。「自分は病に苦しんで、もう長く生きないかもしれないけれども、この世に生きて苦しんでいたということは誰もそれを否定できない」。この言葉で大江は救われる。救いの言葉は時々にあったに違いない。

光は音にすぐれた感性を持ち、音（和音）を五線譜に記す技を身につけ、やがて小曲を作り始め、曲は集まり、ＣＤを出すまでになる（『大江光の音楽』一九九二年、『大江光ふたたび』一九九四年、『新しい大江光』一九九八年）。父親の大江は、「光の音楽を聴いて、光を癒やす、と同時、そのこと自体によって私たちが癒やされてきた」とし、「人間が病気から恢復するということ自体に、まわりの人間を励ます力があるということを、教えられてきたように思います」と述べている。二枚目の『大江光ふたたび』には、暗い魂が泣き叫んでいる声が聞こえてくるとし、「光は音楽をつくることで、大きな悲しみを自分の内に発見したけれども、同時に、それは、当の悲しみから癒され恢復することであった」と述べた（『あいまいな日本の私』岩波新書、一九九五年）。これは、赤ん坊とは違う、もう少し成長した幼児ならば、かならずや、暗い泣き叫ぶ魂の悲しみを理解するまで辿りつける、そのような精神の恢復を示していることなのではないか、と大江は語っている。

障害を持って生まれ、あるいは、いったん病気になって、そこから癒しと恢復をえたとき、それが人間にとってどんなに深い意味があるのか。大江は、困難な時代に生きる私たちであればこそ、この意味の重要性を人間が人間性を取りもどす精神史にそくして考えなければならないと問いかけている。

新しい人間像の創出へ

「びわこ学園」は、一九六三年に設立された日本で二番目の「重症心身障害児施設」である。障害の程度は、身体的には「寝たきり」の人が多く、知能的には「ほとんどなにもわからない」状態の人である。

この学園に勤務した小児科医髙谷清は、訪れた人々が重い障害を抱えている子らを見たとき、あまりにも無残な姿に息を呑み、誰もが怯《ひる》む、と述べている。それは、偏見でも排除でもない、率直な感覚であり、むしろ哀れみからこの子に涙する感情でもある、と捉えている。同時に、「生きることが苦痛ではないのか」という感情が成立する場合もあり、そのことは、一方で、「生きる屍《しかばね》」「植物人間」との言葉が存在するように、「排除」の思想に転化するあやうさがある、と指摘していた（『重い障害を生きるということ』岩波新書、二〇一一年）。髙谷医師は、この施設で「人間とはどのような存在なのか」という問いを深めていった。

「びわこ学園」は、これまでの「健康管理」の医療方針を改め、医師をはじめ療育者らが一つになって「健康増進」の課題にとり組みはじめる。たとえば、日光浴、水遊び、散歩、乾布まさつの導入である。寝たきりののぶおくんは（三歳一〇か月）、少しずつ筋緊張がやわらぎ、頬がかすかに緩むという状態を生み出す（「のぶおくんが笑っている！」）。

髙谷は、「脳の形成がなくても、本人が気持ちよく感じる状態は可能なのだ。看護師らのとりくみはかれのからだに『快』を生み出した」と述べている。髙谷は、「この人たちは、脳に重大な障害を受けたために心身の重い障害をもち、理解する能力が損なわれ、身体を自由に動かすことができない状態にある」が、「しかし、『意識』は育っていないかもしれないが、『自己』は育っている」との見解を示す。この人たちの「自己」は、感覚や身体を通して外界の環境の影響を受け、介護者の願いと働きかけから大きな刺激を受ける。人間として、人間の中で育ち、変化し、そこに「快」を感じる。そして、「自己」として存在することができる、というのだ。

自分の存在を気持ちよいと感じることができれば、人間がそのような環境におかれていれば、周囲の人々は「死んだほうがましだ」とはけっして思わないだろう。髙谷はそう結論する。

二〇〇七年度から、特別支援教育という新しい理念と制度による障害児教育が始まった。特殊教育から特別支援教育への移行である。茂木俊彦は、「特別支援教育」時代にかなう『障害児教育を考える』（岩波新書、二〇〇七年）を出す。茂木は、この本で特に、重度・重症の障害児に目を向け、そうした子どもたちの発達保障を目指す実践の創造に挑んだという。「びわこ学園」における重症心身障害児に対する見方の反省と転換に触れていう。「寝たきりの重症児」「生きているだけで何もできない全介助の子どもたち」という見方への疑問がおき、「私たちは何となく『寝たきり…』と言うけれど、本人の立場に立ってみれば、『寝かされっきり』ということではないか」と反省し、その子と同じ目線で世界を見る感じる、という療育方針へ転換した。視点を変えていくと、きわめて重症の子どももまた、周囲と相互交渉しつつ人間としての発達の道を歩んでいく姿がはっきりと見えるようになったという。

茂木は、「子どもに尋ねる気持ちになる」ことの大切さを強調する。子どもに尋ねる障害児教育実践の蓄積からは、障害児の健康は維持され、というよりも増進され、生命が強められていくという関係が数多く確かめられるという。高い能力レベルへ進まない（進めない）場合でも、諸能力を豊富化する可能性はひらけるし、限界はないと茂木はいう。

私は、優生思想を超える手がかりを、こうした医療や教育の現場で探り出していきたいと思う。

2　コロナ禍に向きあう教育――遠隔授業を試みながら

二〇二〇年二月以降、日本のすべての学校はコロナ禍に向きあう授業（休校を含めて）を余儀なくされた。私の大学も例外ではなく、私はオンライン授業に臨まなくてはならなくなった。教育とは何か。とくに、教育と学習が成立する根本的な条件（環境）とはどのようなことなのか。あらためて問われる事態でもあった。私たち教師は、いわば自分たちのモラルが問われることでもあった。その時に考えた文章を載せた。

「戻りたい」と「もう戻りたくないこと」

二〇二〇年五月一一日から、私は自宅で大学の講義を行っている（二〇二一年九月から大学における対面式の授業に戻った）。遠隔授業である。遠隔情報器機の扱いをめぐって私は情報器機オンチゆえに動揺し、大学や研究会の友人をかなり煩わし、どうにか操作の方法を教わり、同僚たちの講義のまねごとまで出来るようになった。私のオンライン授業をいま学生さん達は聴いている。パソコンの向こう側は画面が閉じているので、様子をうかがい知ることはむずかしい。すこしは満足してもらっているのだろうか。「すまない」という感情が時に起こる。ただ、この方式でいまは頑張るしかない。こうして大学の講義はかろうじて成り立っている。今後、大学の講義はどうなるのか、予想がつかない。

私はできる限り外出をひかえ、家にこもっている。世はこれを自粛（＝隔離）という。自粛を余儀なくされて、気づくことがある。自分は随分と寂しがり屋だったことを。みんなと一緒にいたい、みんなの間にいたい。そうした気持ちはとても強かったようだ。しかし、「外出は控えろ！」という自粛要請で、やすやすと自らの人間的な欲求を抑え込んでしまう自分がいた。それは仕方がないとしても、どこかやっぱりくやしい。

机に向かうしかない。今、何を考え、何をなすべきか。コロナ禍終息後、社会はどうあるべきなのかを問うしかない。これまで手にしたことなどなかった感染症の本を集める。そして、思索らしきものを書き留めはじめる。

この苦しい時間を無駄にしたくはない。イタリア・ローマ在住の若い作家（一九八二年生まれ）パオロ・ジョルダーノは、自国を襲ったコロナ感染症のパンデミックの渦中にいてその後を見すえ、イタリアの新聞に寄稿する（二〇二〇年三月二〇日付）。「今までとは違った思考をしてみるための空間を確保しなくてはいけない」「すべてが終わった時、本当に僕たちは以前とまったく同じ世界を再現したいのだろうか」（『コロナの時代の僕ら』早川書房、二〇二〇年四月）。ジョルダーノは、今回のパンデミックのそもそもの原因は秘密の軍事実験などにあるのではなく、自然と環境に対する人間の危うい接し方、森林破壊、そして僕らの軽率な消費行動にこそあるのだと述べている。「どうしたらこの非人道的な資本主義をもう少し人間に優しいシステムにできるのか」。それをこそコロナ後に考えられるように、今から準備しておこう、と呼びかけている。

誰はばかることなく肌が触れ合うような人間的な交流ができる元どおりの生活に戻りたい。しかし、まるっきり元の生活に戻るということは許されないのではないのか。すなわち、コロナが終わってもやがて新たなウイルスが凄まじい速度で地球を襲うであろうという予感を私たちはすでに身につけてしまったからである。グローバル化による人類と資本の移動、そして新たな土地に対する資本の見つけ次第の乱暴な開発によって、その結果未知のウイルスが動物から人間へと蔓延《まんえん》し感染する可能性を、こともあろうに人間という生物が生みだしてしまった、そういう時代に私たちは生きているからである。不意を突かれないために、人間の（特に弱い人々の）生活と命を何より守り抜く、そういう社会の仕組みを作っておかなければならない。

若いイタリア人作家のこの本は、とてつもない恐怖の下にありながら、暖かくしかも冷静で厳しい指摘を含んでいたように、私には読めた。

九月入学など――硬直した思想と貧困な施策

三月からの全国一斉の学校休校措置が解除され、三か月ぶり、六月から多くの学校が再開された。分散式授業を取り入れるなど、さまざま状況に見合う工夫を凝らしてのはじまりであった。

この休校期間中、学校における友人や教師との学びや遊び、文化的な活動と交流を（いっさい何の相談もなく）突然にやめさせられた子どもたちは、どんな生活をそれぞれの家庭でおくっていたのか。準備もなく丸投げされた保護者や親はどんな思いで子どもたちと（家庭学習を含めて）接していたのか。なにより、コロナ禍で困難を余儀なくされた親やもともと窮状を抱えた保護者の生活とその下での子どもたちの様子が気になる。

緊急事態宣言の下での営業自粛により、生活の収入が極端に減った飲食業やサービス業関連の家庭や非正規雇用で働いている親が失職してしまったという事例も多数あっただろう。あるいは、親が医療従事者の場合はどうか。未知のウイルスへの恐怖から泣きながら防護服を着て働いていたという看護師が人の子の親であることは十分にあり得る。自身も感染し、一命をとりとめた内科医が、強い症状が出た時、妻に携帯電話で「死ぬかも知れない、子どもたちをよろしく頼む」と伝えたという。こうした家庭の子どもたちは親の姿をどのような気持ちで見て、何を感じていたのだろうか。学校が再開されたとき、登校してきたこのような子どもたちを教師はどう迎え入れたらよいのだろうか。教師は子どもたちの生活の背景に無関心ではいられないだろう。私は、たとえば、この問題にこだわってみることで、いま求められるコロナ禍に向きあう教育の大切な一コマが見えてくるのではないかと思うのである。

ところが、政府と教育行政の関心の中心は、そのようなところにはないようだ。コロナ禍によって生じた学校の「学びの遅れ」を取りもどすことに専らの施策が集中している。コロナ禍の生活下、子どもたちはいったいどのような発達と学びの困難を抱えてしまったのか、人間の成長の問題を大きく捉える教育の思想が欠落している。

九月入学論が端的な例だった（突然に現れ、その後、完全に断ち切れてしまった）。官邸主導で生まれた、二〇二〇年度を二〇二一年三月末から八月末まで延期する案（二〇二一年度始期を九月とする）。受験生の心配な声に応える姿勢を見せてはいたが、これはあまりに拙速な解決策であった。九月入学には累計六・五兆円以上の巨額な財政・家計負担がかかり、さらなる混乱を生む。緊急性をふくめて問題の具体的な解決策はもっと別のところにある（「提言　九月入学よりも、いま本当に必要な取り組みを」日本教育学会、二〇二〇年五月二二日）。九月入学は、学習指導要領の完全実施以外に眼中のない施策の典型である（「新型コロナウイルス感染症と子どもの権利に関する声明」子どもの権利条約市民・NGOの会共同代表者会議、二〇二〇年六月八日）。

私は、九月入学は、いま決められた「教育課程編成」は絶対に動かすことのできない基準であり、これをしっかり守り、公正・平等に実施することが正しいと考え、そして、少しでもこれを「変える」という事態が起こることをひどく嫌う心性によって作られたものと推測してみた。九月入学という解決策は、目の前に起きている子どもの学びの危機に柔軟に対応しようとしない、硬直した行政の思想の証ではなかったか。

　文科省は、「学びの遅れ」を取りもどすため、教科書の二割を「授業外」で学ぶことができるとの通知を出し、その内容を具体的に例示した（二〇二〇年六月五日）。「授業外」とは家庭や放課後の教室のこと。オンラインや学習指導員の活用とある。子どもの勉強をみる家庭の負担がこれでまた確実に増加する。

　政府の第二次補正予算は、教員三一〇〇人、学習指導員六万一二〇〇人、スクール・サポート・スタッフ二万六〇〇〇人を増加するとした。しかし、これはあまりに少ない数字だ。先の日本教育学会の『提言』にある「いま本当に必要な取り組み」では、①教職員を一校当たり小・中学校三人、高校二人で約一〇万人増員の必要、②ＩＣＴ支援員、学習指導員を一校当たり小・中学校四人、高校二人で、計約一三万人の配置が必要、とする。あわせて約一兆円の予算となるが、九月入学が必要とする試算六・五兆円よりはるかに少ない。

　学習指導要領の完全履修ばかりが優先され、あまりに足りない予算で「学びの遅れ」を取りもどそうとする。家庭負担と子どもの学力格差拡大は必至であろう。六月学校再開で見えてきた、政府のコロナ禍対応策の貧困さである。コロナ禍とコロナ対応策禍の二重禍の出現ととらえてよいだろう。

私たち教育科学研究会は、コロナ禍の中の子どもと教師の様子を語ろうと、全国委員に呼びかけてオンラインによる研究集会を開いた（五月二四日と六月二〇日）。多数の意見が寄せられ、貴重な報告があった。東京の元小学校教師の山﨑隆夫は、学校一斉休校措置は「子どもの命を守る」という名目であったが、そこには「子どもの命を育む」という、私たちおとなが片時も忘れてならない教育の思想が欠落していたのではないのか、と疑問を述べた。子どもたちがいまを生きることへの敬意と尊重を持った眼差しがあっただろうか。休校措置に代わる、豊かな環境と支援が真っ先に用意されなければならないと山﨑は述べた。

奈良の小学校勤務の山﨑洋介は、学校再開後の「分散式授業」の取り組みによって多くの教師は、二〇人学級が子どもの健康の確保と学びの充実にどれほど有効な空間であるのかを体験したのではないかと言った。「多人数の切磋琢磨《せっさたくま》」論の競争主義的まやかしをしっかり克服し、二〇人学級実現の財政上の科学的根拠をていねいに説明して、近い将来、子どもたちに二〇人学級をプレゼントしたいと述べた。

兵庫の小学校勤務の大江未知（六年生担当）は、子どもたちのコロナ禍体験をしっかり聴きとることを重視したいと述べた。聴きとるところから教育実践は始まる。子どもたちは休校中の我慢を強いられた不自由な生活を吐露する。生活の激変で父親がＤＶを起こしたことや不安な毎日から過食や睡眠障害になった経験を話す。引きずっていた友だちとの揉め事が原因で、リストカットをしてしまった女子。その子の母親と面会でき、「家では昼夜逆転、会話不能なわが子。学校に来ることが出来て、先生に話せて良かった」と母親の悩みを聞く。休校は当然のように家庭環境ふくめ、子どもの状態を見えなくさせる。

大江は、子どもがコロナ禍の体験を通して何を考えたのかを、まど・みちおの詩「ぼくが　ここに」を読み解かせることで、語らせる。人間が「ここにいること」のすばらしさに気づかせてくれる詩を通して。「最近は、本当にみんな平等なんだろうかと思うようになりました。黒人差別やコロナのアジア人差別や殺人など、人間は守られているんだろうか」（結衣）。感染症の流行は、しばしば社会的偏見やスティグマ（負の烙印《らくいん》）を生みだす。人間を分断する力とそれ故にこそ生じる相互連帯への願いを「ぼくが　ここに」の詩を通して子どもたちは理解していく。子どもたちはさらにウイルスを他人にうつしてはならないとする、社会に広がる「正義」による過剰批判と監視の強まりを問題にする。「正しさ」という規範の押しつけは子どもにとって身をよじる問題である。巷に流布する「自粛警察」という言葉を知って教室に持ち込み、教師に話しあいを求める。これが大江の、再開後のコロナ禍体験の実践である。コロナ禍に向きあう教育だろう。

感染症に向きあう教育——歴史に学んで

私たちは、目には見えない脅威に押しつぶされそうにして生きている。先が見通せぬまま、事態の沈静化を待つしかないのか。それでも私たちは、この感染症が一定の終息を迎えたのちに訪れるだろう社会の変化を、できることなら新しい価値観への創造へと繋がるその芽を探り出したいと思っている。子どもたちと一緒に、教室の中のひとときにおける語りと聴きとりの中で、希望の在処《ありか》を見つけ出すことができたらと願っている。「ここからどんなことが始まったのだろう?」と声を出していきたい。

感染症の専門家山本太郎（長崎大学）は、コロナ後の世界を、二つの選択可能性において描いている。「国民国家からそれを超えた国際的な連帯への転換点となるのか。あるいは監視分断社会の訪れの始まりになるのか」（「パンデミック後の未来を選択する」、『世界』二〇二〇年七月号）。

確かに、私たちは、コロナ禍で介護や保育、農業や医療などエッセンシャルワーク（社会で必要不可欠な仕事）の大切さを知ることができた。私たちの生活は実はエッセンシャルワーカーによってこそ支えられている。この人々をもっと評価する社会に変える必要を自覚する（イーノとヤニス対談「ウイルス後の世界を考える」、『コロナが変えた世界』ele-king 臨時増刊、二〇二〇年七月）。

一方、私たちの社会は、生きている価値のある人間かどうかを、効率と生産性という言葉で線引きする社会であった（前稿を参照）。「生産性のない者には生きる価値はない」「企業の営業利益に貢献できない者には生きる資格はない」という残酷な本音がまかり通る社会であった（雨宮処凛『この国の不寛容の果てに　相模原事件と私たちの時代』大月書店、二〇一九年）。コロナ禍で食べていけなくなる人々が続出していけば、「命の選別は仕方ない」とする巨大な排除社会に向かう可能性は否定できないだろう。

大きな分岐に私たちはいる。子どもたちと希望を語るための、本当に賢い知恵がほしい。知恵は歴史に学ぶことで獲得できる。人間が感染症の恐怖とたたかった事実を知って、少しでも新しい価値を創造する勇気と知恵を得たい。

ちょうど一〇〇年前、一九一八年から二〇年にかけて、世界を襲ったスペイン・インフルエンザがあった。世界で第一次世界大戦の四倍（四〇〇〇万人）、日本でも関東大震災の五倍近く（四五万人）の人命を奪った。この時、歌人の与謝野晶子が感染症の恐怖と政府の対応を批判している（「感冒の床から」、『横浜貿易新報』一九一八年一一月一〇日付）。

晶子の家では、一人の子が小学校で感染し、瞬く間に一〇人の子のうち二人の男子を除いて、すべての家族が感染した。晶子は、なぜ政府は「多くの密集する場所の一時的休業を命じなかつたのでせう」とのべ、「社会的施設に統一と徹底との欠けて居る為に、国民はどんなに多くの避らるべき、禍を避けずに居るか知れません」と苦言を呈した。政府の、民衆の命の危機に対するあまりの鈍感さと対応の遅さに、勇気をふるって批判の声をあげている。政治的発言の困難さは現代とは違う。ここまで言い切る知性がかつて日本に存在したことを、子どもたちといっしょに共有できたらと願う。

3 「教育の力にまつべきもの」――ウクライナ戦争に思う

ロシアのウクライナ軍事侵攻が突然のように始まった（二〇二二年二月二四日）。私は、それ以来、この戦争をどのように受けとめたらよいのか、いろいろ思いをめぐらせてきた。その思いは、一九四七年教育基本法前文に書かれていた「この理想の実現は、根本において教育の力にまつべきものである」に行き着き、ここをしっかり考えてみることにつながった。この文言は、第一次安倍晋三内閣によって削除され、現在の新教育基本法に無残に改正されていく問題の焦点の一つであった（二〇〇六年一二月）。

「この理想の実現」は日本国憲法に示されている。日本国憲法前文には「政府の行為によつて再び戦争の惨禍が起ることのないやうにすることを決意し」とある。国民が政府の意思をコントロールする、見事なまでに立憲主義の精神が明示される「この理想」を、われわれ国民は戦後の出発にあたって「決意」の形で表明していた。国家が引き起こす戦争を再び起こしてはならない。それに荷担してはならないという「非戦の誓い」。それは世界中に、とくにアジアの人々に、「決意」を示す事柄の重さとして意識されたものであった。

私は、ウクライナ戦争が勃発したとき、われわれ日本に住む人間はこの日本国憲法前文の理想に忠実に生きて行動を示すことがなにより大切なのではないかと思った。四七年教基法前文は「この理想の実現は、根本において教育の力にまつべきものである」という。政府の行為による戦争の惨禍を食い止める理想の実現は、根本的には「教育の力」にこそかかっている。政治に振り回されて、権力の力に従ってしまうのではなく、人間と子どもを育てることを使命とする教育という営みこそがこの理想を実現できる、もっとも大切な役割を担いうるのだ、という期待の表明と宣言であった。政治をリードし、国家に方向性を与える高い理想を堅持する四七年教基法の精神に従って、私たちは、学校で、地域の隅々で、このウクライナ戦争の意味することを、そして戦争を止める可能性を、子どもたちとともに語ってみることが重要なのだと気づかされた。

それにしても、日本の政府はなにゆえ「教育の力にまつべきもの」という戦後精神を葬りさったのか。その国家（安倍政権）による罪の深さは計り知れない。

『そらいろ男爵』（二〇一四年）

私は、ウクライナ戦争がはじまって、平和を描くいくつかの絵本を読んでみた。ここでは一冊だけ紹介する。『そらいろ男爵』（ジム・ボム文、ティエリー・デデュー絵、中島さおり訳、主婦の友社、二〇一五年）。みなさんはご存じだろうか?

時代は、二〇世紀はじめの第一次世界大戦。フランス軍もドイツ軍も長い長い塹壕を掘って向き合い、悲惨なせめぎ合いを繰り返していた。そらいろの飛行機で楽しんでいた男爵も、フランス軍に入隊。爆弾がないので、代わりに自宅にある分厚い重い百科事典を持ち出して空から敵の頭上に落として打撃を加えるが、重い事典はすぐになくなってしまう。仕方なしに、トルストイの長編『戦争と平和』を落とすと、それを徹夜で読んだ敵の隊長は部屋に閉じこもって、戦闘命令を出さなくなる。

次には、愉快な本や冒険譚《ぼうけんたん》などを降らせると、敵の兵士たちは読みふけって戦うのを休んでしまう。天文学の本を落とすと、読んだ兵士たちは空ばかり見上げるようになる。最後には、家族からの帰還を待ちこがれる手紙を、わざと両軍の陣地に撒きちらす。両軍の兵士たちは、それぞれの家族からの手紙を読むと、戦うのをやめて歩み寄り、共に涙を流して抱きあう、そういう物語であった（柳田邦男『人生の1冊の絵本』岩波新書、二〇二〇年）。

絵はのどかなタッチながら、それゆえにか、悲惨だった塹壕戦と戦争そのものの無意味さが心に響いてくる。この絵本は、第一次世界大戦から一〇〇年目にあたる二〇一四年にフランスで刊行されたもので、すぐれた児童書に贈られる「サン＝テグジュペリ賞」（絵本部門）を受賞している。

私は、『そらいろ男爵』は、日本国憲法前文と第九条の精神そのものではないのかと感じた。このフランスの作者は、日本国憲法の前文をよく読んでいる人なのではないのかと思ったり、そうでないとしても、その精神を十分に獲得している人に違いないと考えた（おそらく、一九四五年制定の国際連合憲章を学んでいる）。そして、フランスの人々にしても、日本国憲法の平和を願う、その普遍主義を同じように理解しているからこそ、サン＝テグジュペリ賞という栄誉を作者に与えたのだと思う。

日本国憲法の前文は、先に述べたように、日本国民は「政府の行為によって再び戦争の惨禍が起ることのないやうにすることを決意し」とのべ、われらは「平和を維持し、専制と隷従、圧迫と偏狭を地上から永遠に除去しようと努めてゐる国際社会において、名誉ある地位を占めたいと思ふ」としている。現代の総力戦では、もっとも悲惨な目にあうのは多くの民衆である。だからこそ、民衆自身が政府の権力をコントロールするように生かされなければならないということが書かれている。日本は、特に、アジアの民衆に対し加害の立場を背負っていたわけであるから、いっそう、戦争を起こさないよう積極的な行動をとる（名誉ある地位を占める）ということを、まさに「決意」したのだと思う。私たちは、そのような歴史的な事情の中に立たされていた。

私たちがかかる事情から表明した日本国憲法（前文）は、私たちの「決意」が込められているのだが、それは私たちだけのものとは限らない、むしろ世界の人々に広く受け入れられていくものだという、つまり「普遍的なもの」であったのだと思う。『そらいろ男爵』は、そのような具体例の一つだったのではないか。二〇一四年、第一次世界大戦から一〇〇年後のその時、総力戦があたえる人間の悲惨さと無意味さ、そして、国際紛争の解決において戦争を手段にしてはならない、という認識はしっかりとヨーロッパ社会に存在しているということを知り得た、ということだった。

「力の論理」ではないものの追究

ロシアによるウクライナ軍事侵攻は許されない蛮行である。この事態をどのように子どもたちと語りあっていけばよいのか。

今回のウクライナ軍事侵攻には、複雑な歴史的文化史的そして社会的事情がある。私のような専門外の人間には、なかなか批判的なコメントを許さない面があると思われた。私は、とりあえず、以下のようにこの事態を受けとめてきた。

二〇二二年二月二四日、ロシアのウクライナへの軍事侵攻が突然に始まった。テレビ画面は伝えていた。ウクライナの大人や子どもたちの普通の暮らしが一方的に破壊され、地下室や地下鉄に避難し、不安と恐怖で眠れない日々が続いた。プーチン大統領は核爆弾の使用を否定せず、ウクライナの人々を脅し、恐怖の底に突き落とそうとした。

世界中がコロナ禍に苦しむなか、ウクライナの人々はさらに感染のリスクを負ったことだと思う。ロシア軍が標的にした原子力発電所から放射性物質がふたたび広範囲に拡散したのではないか。戦禍を逃れ、家や仕事を失った人々は、難民となって、世界中に逃れたこと。故郷を捨てるどんな「悲しみ」と「憤り」があったことだろうか。

ロシア国内には、自由な報道が許されなく、大幅な報道規制が行われ、恐怖政治が始まっているのではないか。ここでも、国家の暴力が幅をきかせているはずである。

プーチン大統領の暴挙は許せないが、プーチンを追いつめ愚行に走らせたＮＡＴＯの軍事東方拡大路線は大きな問題であろう。プーチンは、西側諸国の「力の論理」という、基本、同じような考えで今回のウクライナ軍事侵攻を行ったのではないのか。

戦争は、通常、世論を「単純な二項対立」に追いやる。加害者と被害者の、白黒つけやすい善玉・悪玉対立構図を作ってしまう。とくに、日本政府とマス・メディアは盛んにそのニュースを意図的に流してきたように思う。絶対的な基準で割り切る思考方法（思惟様式）こそ、戦争という社会に起きる、ある必然的な原則ではないのか。自分の行動を逆に束縛して、問題の処理を動きのとれないところに追い込んでしまう、そのような事態をなにより恐れた（『世界　ウクライナ侵略戦争臨時増刊』二〇二二年四月、小山哲・藤原辰史『中学生から知りたい　ウクライナのこと』ミシマ社、二〇二二年六月、など参照）。

私は、この危険な二項対立図式（＝力の論理）思考を問題にしなければならないと感じた。そうではない論理（＝人間の論理というべきもの）の追究を、子どもたちとともに考え合う必要性の重大さを考えてきた。「武器の援助」という考え方とは違った、もっと、暴力によらない平和的な手段による社会への貢献を考えていくことのできる、人間を生みだす教育ということ。そのような考えにまとまってきたように思う。

私は、このウクライナの事態に直面して、やはり、「力の論理」を克服する「人間的な論理と精神」は、日本国憲法前文と第九条、そして、四七年教育基本法に示されていると考えてみるのであった。原初に立ち返る思想の重要性である。

理想主義的立場こそ最も現実的である

私は、ウクライナ戦争に向きあって、二〇〇六年の教育基本法改正の問題（罪）を考えなければならないと述べた。アジア太平洋戦争を体験した日本人がいかに戦後を生きようとしたのか、今こそ、その精神に学ぶ重要性からである。

教基法前文の第一段落のみ引用して、変更と削除の文言を示してみたい。

「われらは、さきに、日本国憲法を確定し、民主的で文化的な国家を建設して、世界の平和と人類の福祉に貢献しようとする決意を示した。この理想の実現は、根本において教育の力にまつべきものである」（一九四七年、教基法）。

「我々日本国民は、たゆまぬ努力によって築いてきた民主的で文化的な国家を更に発展させるとともに、世界の平和と人類の福祉の向上に貢献することを願うものである」（二〇〇六年、新教基法）。

論点はいろいろあるが、二点だけ指摘したい。第一に、「決意を示した」→「願うものである」に変更になった点。私は、「決意」の改変を重視したい。なぜ、わざわざ改変したのか。

「決意」という文言は、日本国憲法前文に二度出てくる。前文は、「崇高な理想」を宣言する異例の文章であり、まさに決意するという以外に表現しようのない、それにふさわしい内容が書かれていた。

戦前に大勢を占めた「成りゆき主義」や「順応主義」という人々の生き方ではなく、峻厳な価値判断を行うことのできる、つまり政府が始めた戦争に疑問を示し、否定することのできる人間の存在が求められていたということであった。歴史と社会の現実に真正面から向きあって、コミットメントを果たすことが可能な人間になっていくほかない。日本国憲法の理想を体現する人間はそのような存在であり、それはまさに「決意」する人間として表現されるほかなかったといえよう。内面に「普遍的な価値」を宿す人間が国家を監視・統制することができるという真理観であった。

日本国憲法前文に倣って、その精神を引き継いだ四七年教基法は同じようにして「決意」という言葉を使用した。二〇〇六年、安倍政権は、この「決意」という表現を嫌い、恐れためらって、別の言葉に置きかえてしまったのである。

第二に。すでに指摘したように、「教育の力にまつべき」という一文そのものの抹消である。この抹消については、次の、北田耕也の本質を衝く傾聴に値する指摘がある。

「これは、『日本国憲法』と『教育基本法』とが不離一体のものであることを示すにとどまらず、(根本的な意味で)政治をリードし政治に方向を与える教育といういとなみの本質をとらえていたと思う。それによってここに初めて、教育が政治の僕《しもべ》であった戦前の体制を乗り越えた戦後日本の国家体制の根幹が確立したのであって、『抹消』のもつ意味の重さは『挿入』や『改変』の比ではない」（『〈長詩〉遥かな「戦後教育」』未来社、二〇一二年）。

私は、この文言の精神を復活させ拠り所にして私たちの現実の行動の規範を作り出す以外にないと考える。

政治学者の丸山眞男は、一九五〇年に、「三たび平和について」（『丸山眞男集』第五巻、岩波書店）のなかで、戦争を最大の悪とし、平和を最大の価値とする日本国憲法の精神の意義を論じている。原子爆弾など超兵器（superweapons）が出現する現代戦争では、現実には、都市空襲が最も端的に示すように、最も被害を蒙るのは家を焼かれ近親を失って彷徨する無辜《むこ》の民衆であり、これこそがあまりに痛ましい現代戦争の実相なのである、と述べている。「戦争の破壊性が恐るべく巨大なものとなり、どんな崇高な目的も、どのような重大な理由も、戦争による犠牲を正当化できなくなったという厳粛な事実」に世界の人々は直面するに至った。核戦争は、「最も現実的たらんとすれば理想主義的たらざるをえないという逆説的真理を教えている」。

戦争を最大の悪とし、平和を最大の価値とする憲法の理想主義的立場こそ最も現実的な生き方を示している。私はこの精神を誇りにして、子ども・若者との対話を大切にするよう考えていきたいと思う。

第2章　子ども・若者の貧困問題と教師のモラル

――新自由主義（自己責任論）をどう克服するか

二〇〇八年のリーマンショックを契機にして、日本社会に顕著になった子ども・若者の「貧困」問題。「子どもの貧困」という用語が登場し、教育の現場ではこの問題が重視されるようになる。私はこの問題をどのようにとらえようとしたのか。

第一論考は、貧困の原因は社会の側にあるのではなく自己の能力の欠如にある、という「自己責任論」が多くの子ども・若者をとらえている現実を問題にしている。なぜ、そのような自己責任論が広く浸透してしまうのか、そもそも、自己責任論とは何か、を究明しようとしている。そして、自己責任のイデオロギーをどう乗り越えていくのか、その教育実践の課題はどのようなものなのか、その点を考えてみようとした。

第二論考は、新自由主義改革の思想（自己責任論）を真に克服する「教育の思想」とはいかなるものか、を検討した。この「教育の思想」のなかに教師のモラルとは何かを探るよう努めた。

1　「自己責任論」を溶かす教育実践

日本社会では、一九九〇年代の後半以降、「競争」と「自己責任」を強調する新自由主義的な諸施策が推進されてきた。産業構造の奇形化、雇用の不安定化、福祉・医療・教育の商品化が浸透してきた。格差と貧困が拡大し、生活圏としての地域の崩壊と家族生活の困難がいっそうすすんだ。人間関係の敵対化が顕著になってきた。東日本大震災（原発事故災害）とコロナ禍は、それ自体が甚大な影響をおよぼしたが、こうした日本社会の問題をいちだんと顕在化させた。そのなかで子ども・若者は、これまでにない不安と緊張を強いられ、従来の常識では理解しがたい姿を見せてきた。

二〇〇八年に米国の証券会社リーマン・ブラザーズが経営破綻を起こし、世界中が金融危機にみまわれた（リーマンショック）。二〇〇九年、厚生労働省は、初めて日本の貧困率を一五・七パーセントと発表した（先進国中で最大）。貧困と格差問題がいっきょに噴出した。湯浅誠『反貧困』（岩波新書、二〇〇八年）、阿部彩『子どもの貧困』（岩波新書、二〇〇八年）、堤未果『ルポ　貧困大国アメリカ』（岩波新書、二〇〇八年）が話題になった。

貧困が子ども・若者と人びとを襲う。しかも、貧困は社会の格差構造に原因があるのではなく、自分の能力と努力の欠如だとする「自己責任論」が浸透してきた。私は、この自己責任論を越える教育実践の課題の重要性を意識して、本稿を書いてみる。

貧困は自己責任か

二〇〇八年の暮れから二〇〇九年の春にかけて、大量の派遣切りが行われ、失業した人びとが野宿を強いられる報道が相次いだ（「年越し派遣村」が話題になった）。失業がすぐに野宿に直結する。今までには考えられなかった事態。この事態は、加速する「すべり台社会」（湯浅誠前掲書）とその怖さをまざまざと実感させずにはおかなかった。貧困が人びとを襲う。そして、子ども・若者たちの生きる尊厳を深く傷つけていく。未来の見通しを奪っていく。

この貧困の現状とどう向きあうのか。貧困のなかに生きる子ども・若者たちに、貧困をどう教え、いかに考えさせればよいのか。

その場合、最大の困難の一つは、貧困は自己責任である、という考え方の克服であろう。貧困を自己責任で処理すべき問題のように見せかけてしまう意識回路の存在（中西新太郎）。この自己責任意識をいかに溶かし、回路を断ち切るか。これが貧困問題に向きあう多くの教師の悩みと願いの焦点ではないだろうか。

「今、誤った『自己責任論』が蔓延《まんえん》する中で、高校生だけでなく労働者全体に、自分は仕事ができないんだからこういう処遇を受けてもやむを得ない、というようなあきらめの気持ちがとても強くある。これをどう乗り越えるかが重要な課題だと思う」（鈴木敏則＝埼玉・定時制高校教諭、『高校のひろば』二〇〇八年冬号）。

「多くの生徒たちが自分を責めています。いじめられるのも、親から虐待をうけるのも、勉強がわからないのも、成績が悪いのも、ぜんぶ自分のせいだと思ってます」（大阪千代田高校教諭、佐貫浩『学力と新自由主義』大月書店、二〇〇九年、より）。

貧困からの脱却は、本人の能力とやる気、努力によってのみ可能だという考えをどのように克服すべきか。自己責任の回路にはまり込むのではなく、仲間とともに手を携えて状況を変えてゆく力を育むには、何が大切となってくるのか。

そのためにも、まずは、自己責任論の人間観とその社会的背景を検討してみたい。

自己責任論の人間観

自己責任論はどのような人間観をもっているのか。自己責任論を支える人間像とは何か。

被害を被っている側に「自分に責任がある」と感じさせてしまう。他に選択可能性がなかったにもかかわらず、つまり選択の自由がないにもかかわらず、貧困者の自己責任に帰せられる。さらに、その被害を外部に投げかけることはかえって理不尽なふるまいであると非難と攻撃に晒《さら》される。これが自己責任論である。

自己責任論は、新自由主義を支えるイデオロギーであり、能力主義イデオロギーを内面化する有力な回路である。この内面化は社会と個人の関係の問題を隠蔽《いんぺい》してしまい、公共性への通路を遮断するだろう。

新自由主義は、人間の生活のあらゆる領域を市場化する運動であり、人間をもっぱら市場化された存在へと変えていく。新自由主義は、人間を私的所有者（能力を私的に所有する個人）に徹底化させる。私的所有者以外人間を人間とみなさない社会への一元化。人間は相互に依存し合う（ケアする）ものでもなければ、連帯する存在でもないという人間観の支配である。市場原理のなかで生き残っていけて、はじめて人間としての価値が認められる。人間はそのように努力すべき存在という考えの貫徹であり、そうでないものは当然に排除の対象となる。ここに自己責任論が生まれるだろう（中西新太郎編『一九九五年　未了の問題圏』大月書店、二〇〇八年、湯浅誠・河添誠編『「生きづらさ」の臨界』旬報社、二〇〇八年、参照）。

新自由主義社会に生きる人間は、こうして、社会的にコストをかけてしまう人間は排除されてしかるべきという強迫観念を人々に呼び込む。リスクやコストをかける存在や貧困は許されないという意識だ。貧困であることは社会にリスクを負わせる。したがって、コストのかからない人間にならなければならない、というわけだ。

雨宮処凛は、自殺した複数の友人に触れ、「生きることを許されていない」という意識が非常に強かったと振り返っている。「自分が生きているだけで、社会に対して迷惑で、本当に申し訳ない」と自分を責めていたとのべる。自分を責める回路の存在を指摘する。さらに、現在の若者の生が「ものすごい長時間労働に耐えた果ての（極限まで自由を犠牲にしての）ご褒美になっている」とし、誰かに生きることを許可されているような「条件付きの生存」であると指摘している（雨宮処凛・小森陽一『生きさせる思想』新日本出版社、二〇〇八年）。湯浅誠は、現在のセーフティネットの欠陥を衝き、救済に値する人と値しない人を分ける「生の値踏み」が広く深く浸透していると指摘している（『湯浅誠が語る「現代の貧困」』新泉社、二〇〇九年）。救済に値する人間の証明の強制であり、「かけがえのない人間」という尊厳観の否定であった。

公共性への回路の遮断。貧困の社会性は問われず、問題の内閉化・責任の内面化だけがいたずらに進行する。それが自己責任論の人間観をつくりあげていた。

秋葉原事件より

秋葉原で起きた無差別殺傷事件（二〇〇八年六月八日）。二五歳のK青年は製造業派遣労働者であった。なぜ、彼の攻撃は会社に向かわず、無差別殺傷になったのか。そして、「犯行は許せないが、犯人には共感する」というネット上の同世代の声をどう見るか。犯行直前のK青年のおびただしいネット上への書き込み。いくつかを拾い出してみる。

「お前ら首切っておいて、人が足りないから来いだと？　おかしいだろ」（六月五日）

「あ、住所不定無職になったのか　ますます絶望的だ」「それでも、人が足りないから　来いと電話が来る　俺が必要だから、じゃなくて、人が足りないから　誰が行くかよ」（六月六日）

（『ロスジェネ　別冊２００８』かもがわ出版、二〇〇八年）

『アキハバラ発〈00年代〉への問い』（岩波書店、二〇〇八年）の著者たちは、K青年における明確な社会イメージの欠如を指摘していた。作家の平野啓一郎は、K青年には、家族、友人、学歴、職業、経済など、さまざまな問題が整理されず、曖昧な状態で感じられ、自分は不幸で他方には幸福な人がいると思いこみ、粗雑な社会ダーウィニズム観に縛られ、自らを負け組とする「がんじがらめの思考」に飛躍したと述べている。中西新太郎は、彼の行為は、応答を断念させる幻想的な救済要求でしかなかったとしている。結局、誰からもスルーされて、再び困難を内閉化させる倒錯した行為であった。K青年が殺傷した「誰でもいい誰か」は、固有の生を生きていない「薄い生」の持ち主としてしか観念されていなかったろうとする。

現在流布するリスク社会観では、若者の攻撃は「単なる異常な犯罪」（東浩紀）としてリスク処理されてしまうだけだろう。異常とのみ処理され、社会から応答が期待できないならば、若者の怒りは内閉化するのも当然といえる。

この事件の衝撃性は、少なくない中高生たちが「秋葉原で殺された人っていいなあ」と書き込みした点にもある。自分は死にたくてたまらない、けれどこのまま自殺してしまえば「あの子は弱い子だ、情けない子だ」と思われておしまいだが、殺されれば、肯定的に報道され、親も「いい子だった」と思うし、社会に認められて死ねるだろう、ということだ（『脱「貧困」への政治』岩波ブックレット、二〇〇九年、中島岳志発言）。心が凍りつくような悲しい恐るべき「願い」。

怒りをぶつける方法がわからず、怒りが続かず、内閉化し、そして、絶望だけが肥大化して無差別殺傷事件は起きた。しかも、犯人への共感と無差別殺傷への巻き込まれ願望（殺されたい）の存在。自己責任論はこうした人間観に支えられている。

なぜ自己責任論は浸透したのか

自己責任論が浸透している。生の値踏み状態が広がり、保護が必要なのに何も要求しない、しようともしない。なぜなのか。日本社会は新自由主義にはまりやすいのか。

欧米諸国は、福祉政策の推進により、国民各層の社会的紐帯《ちゆうたい》は日本と比べ、はるかに強いといわれている。一方、日本は、高度経済成長以降、日本の保守主義による開発主義国家体制が成立し、企業主義による雇用・賃金体制が確立して社会保障は貧弱な水準にとどまり続けた。貧困は世論の視野から隠されてきた。この状態に依拠して、一九八〇年以降、消費文化が全盛を迎え、人間関係が消費の対象にされ、市場化がすすみ、急速に新自由主義＝自己責任論が浸透してきたといえる。

自己責任論の浸透問題を解くためには、戦後の開発主義政策を検討する必要があるだろう。ここでは、さらに二つの社会的背景の問題を出しておきたい。

阿部彩著『子どもの貧困』（岩波新書、二〇〇八年）が、面白い問題を提起している。阿部は、「相対的剝奪」という概念を紹介し、直接生活の質を測る手法で日本の一般市民の貧困観の問題性を明示している。阿部は、日本の市民は、イギリス人と比べ、子どもが最低限これだけは享受すべきであるという生活の期待（値）が低いという。「おもちゃ（人形・ぬいぐるみ）」「スポーツ用品」「自転車」「新しく足にあった靴」「絵本」「お古でない洋服」など、どの項目も享受すべきという期待値は低い。阿部は、日本の市民は、自らが属する「社会の最低限の生活」を低くしか設定できず、向上させようとする意識が低いのではないかと解釈する。これが次から次へと連鎖する下方に向けてのスパイラルを促している。民衆心性におけるこの「貧相な貧困観」。自己責任論は、こうした「貧相な貧困観」に拠っているという指摘だ。

もう一点、貧困に直接関わらないが、近代日本の思想史に関わるこの問題の根の深さを指摘したい。東京大空襲の一九四五年三月一〇日、少し後の一八日の朝早く、作家堀田善衛（当時二七歳）は天皇が深川を視察したその現場に居合わせている。視察の現場に遭遇して彼は何を見たか。被災民は被害を訴えるどころか、損害を出した非を詫びて天皇に土下座している。彼は強い衝撃を受ける。

「これらの人びとは本当に土下座をして、涙を流しながら、陛下、私たちの努力が足りませんでしたので、むざむざと焼いてしまいました、……口々に小声で呟《つぶや》いていたのだ」。

「私は本当におどろいてしまった。……こういうことになってしまった責任を、いったいどうしてとるものなのだろう……、ところが責任は、原因を作った方にはなくて、結果を、つまりは焼かれてしまい、身内の多くを殺されてしまった者の方にあることになる！　そんな法外なことがどこにある！　こういう奇怪な逆転がどうしていったい起こり得るのか！」（堀田善衛『方丈記私記』ちくま文庫、一九七一年より）

堀田はこの「奇怪な逆転」を起こす日本民衆の心性を「無限のやさしさ」（優情）によるものと指摘し、この「やさしさ」はどこから出て来たものなのかと問うとともに、こうした「やさしさに乗っかる政治」（天皇制）は許されてよいのか、と痛切に訴えた。

阿部や堀田の指摘は、戦後日本の民主主義の未成熟さに関わる自己責任論の社会的基盤の検討を求めている。自己責任論は、「貧相な貧困観」と「奇怪な逆転」に平気であり続ける戦後日本民衆の心性（民主主義の深度）に深い関連があるといえよう。

「格差社会論」と自己責任論

数多くの「格差社会論」が出ている。では、はたしてこれら格差社会論は、貧困と自己責任論をどのように扱っているのか。

格差社会論には、自己責任を肯定するものが多くみられる。格差を肯定し、格差をいかに生きるのかの手法を論じるものが多い。現在の新自由主義経済を動かしようのない与件とみなし、この現実を生きる以外仕方ないという認識を読者にもたせている。自立できない個人あるいは消費できない人間（下流の人間）は、社会統合の対象でしかない、そういう人間観による格差社会論がある。貧困層への痛みを共有することとは無縁な、格差社会論をここで問題にしてみよう（中西新太郎『〈生きにくさ〉の根はどこにあるのか』ＮＰＯ前夜、二〇〇七年、渡辺憲正「格差社会論を読みなおす」『格差社会とたたかう』青木書店、二〇〇七年、参照）。

山田昌弘著『希望格差社会』（ちくま文庫、二〇〇四年）と三浦展著『下流社会』（光文社新書、二〇〇五年）を取りあげてみる。二つは話題の書であり、格差を経済の格差にとどめないで、経済格差が希望や意欲といった人間の意識の格差を生みだすことを論じた点で注目を浴びた。格差は、希望の喪失、意欲の欠如をもたらすとした。格差は希望や意欲を失う、そうした人間の危機に気づかせてくれた点は評価されてもよい。

しかし、問題は、饒舌な語り口からもれる彼らの人間観（自己責任を肯定する）である。「負け組の絶望感が日本を引き裂く」（山田）、「下流の中には、だらだら歩き、だらだら生きている者も少なくない」（三浦）、という語り口に貧困層への共感があるとは思えない。それは、負け組転落の恐怖の醸成ではないだろうか。

山田は、現代社会は、リスクを普遍化し、リスクを個人化するリスク社会であるとする。リスク社会は、自己責任の原則の浸透を不可避とする。平凡な能力とさしたる資産のない多くの人びとは、自己責任のもと自由競争を強いられ、不安な状況におかれ、こうして希望格差（喪失）が生じるとする。平凡な能力の持ち主から希望が奪われる。希望が喪失し、不安感が増大する。これが彼の危機意識である。

「カウンセリングなどを導入して、自分の能力といままでしてきた努力と期待との調整を行い、納得して諦めさせて転身させる」。

「彼らを放置すれば、貧困化し、社会の不安定要因となる」「リスクから逃げ出す若者が増え、パラサイト・シングルやフリーターの将来の不良債権化が見込まれ、将来、日本社会存立基盤を徐々に蝕んでいくことになる」。

不安定就労の若者は、秩序を乱しかねない。山田にとって貧困層は、社会統合の対象でしかないのではないか。山田の希望格差社会論には、不安定就労を生み出した派遣法改正の社会的背景の説明もなければ、米国で起きている貧困層をターゲットとする民営化された戦争ビジネスの恐怖も語られていない。

三浦は、日本は中流化社会から下流化社会へ移行すると述べる。下流が大半を占める社会の到来である。三浦は、格差を否定などしない。自己責任を全うし、格差をいかに生きるか。下流社会という格差社会で、どのように消費を伸ばすか、いかに消費を愉しむか。彼の関心の焦点はここにある。

三浦が描く下流とはどんな人びとか。

「下流は、コミュニケーション能力、生活能力、働く意欲、消費意欲、つまり総じて人生への意欲が低いのである。その結果として所得が上がらず、未婚のままである確率も高い。そして彼らの中には、だらだら歩き、だらだら生きている者も少なくない。その方が楽だからだ」。

三浦は、コミュニケーション能力格差は、営業と恋愛の成就にはっきりと現れるという。自分を売り込むコミュニケーション能力＝営業・恋愛の成功、という図式である。

「コミュニケーション能力が高い男女ほど結婚しやすく、仕事もでき、消費も楽しむという一方で、コミュニケーション能力の低い男女ほど結婚しにくく、一人でいることを好み、仕事にも、消費にも意欲がないという分断が生じる」。

意欲格差社会で生きぬく鍵は、自己責任としてのコミュニケーション能力の獲得如何ということだろう。他者理解（人を深く愛する）のためのコミュニケーションではなく、サバイバル戦略としてのコミュニケーションであった。

希望格差や意欲格差を論じる人びとは、結局、先に示した被害や困難を内閉化する自己責任論のポリテックスを強化する役割を担っているようにしか思われない。

社会と歴史への回路

自己責任イデオロギーをいかに溶かし、仲間とともに手を携えて貧困に向きあう力をどのように育むのか。いくつかの基本的な視点を述べてみたい。

前掲の『アキハバラ発〈00年代〉への問い』で、吉岡忍は、重要なことをいっている。K青年は、明確な社会イメージがなかったと紹介したが、吉岡は、類似の宮崎勤事件（一九八九年の幼女連続殺害事件）に触れ、宮崎は、かつて日米が戦争したことも、広島と長崎に原爆が投下されたことも知らなかったと述べた事実を指摘する。幼女連続殺害の宮崎のなかでは、歴史はきれいに蒸発しており、そうだからこそ、オタク的知識はふんだんに持っていた、と考えていいのではないかとする。

歴史的事実への無関心と幼女連続殺害は深い関連をもっている。吉岡は、歴史を知ることは、本来、戦争や侵略や植民地化であれ、そこに生き、生きざるを得なかった人間たちの思いの深さを知ることであり、そこから、考えるとは何かを体得することであって、歴史への認識は、好きか嫌いかしかない人間の感受性に、広さと深みを与えてくれるものとしている。

誰にも承認されていない、という孤立感はあっという間に攻撃性に転化し、自己顕示欲的な破壊行為となって暴発する。歴史を学ぶことは、それを阻止する内発的なブレーキになるのではないか、と吉岡はいっている。

『蟹工船』を読む若者たち

二〇〇〇年代後半、『蟹工船』（小林多喜二著、一九二九年）を読む若者が増え、社会現象になった。

これは、自らが置かれた現代の貧困を、歴史的文脈に学ぼうとする例である。

『蟹工船』は、派遣労働に代表される人間の働かせ方が、同じように描かれているではないか、という共感を獲得した。「足場を組んだ高層ビルは、冬の海と同じで、落ちたら助からない」。二三歳の「ネットカフェの住人」は蟹工船を今に重ねる（『私たちはいかに「蟹工船」を読んだか』遊行社、二〇〇八年）。

漁夫、雑夫、船員、船頭、大工らが、監督や雑夫長らによって互いに競争させられる構図。未組織労働者間の敵対的関係。「監督や雑夫長はわざと船員と漁夫、雑夫との間に、仕事の上で競争させるように仕組んだ」。

蟹工船は、航海法も工場法も適用されない無法空間であった。「これ位都合のいい勝手に出来るところはなかった」。企業の利益追求のための手軽な雇用調整弁として簡単に派遣労働者の首を切る労働者派遣制度に見紛うばかりである。いかに悲惨であるか、いかにして悲惨を強いられているか、『蟹工船』はみごとに描いている。

エッセイ・コンテスト大賞受賞の二五歳女性（東京）は、なぜ、蟹工船の労働者はストライキを打てたのか、その理由を考えている。「物語を読み進めていくと、あたかも人間味を感じる場面が沢山出てくる。貧しい農民や漁民が遠く離れた故郷の子供や妻から寄せられた手紙や写真を見ては泣き、安堵する場面があった」。家族への思い、その思いを奴隷労働の仲間が共有しあう。「何かを共有できる」。それが「一斉サボタージュへと発展していく」。ストライキの人間的根拠の発見であり、今に生きる（現代の）自分たちの方こそ、それが剥奪《はくだつ》されていることに気づく。

準大賞の一六歳の女子高校生（室蘭）は、小林多喜二がどんな人だったのか、に関心を寄せていく。「ひととして大切な何かをゆっくりと先生たちと話しあっていきたい」とのべている（『高校のひろば』二〇〇八年冬号）。『小林多喜二』（岩波新書、二〇〇九年）を著したノーマ・フィールドは、「人間の心と社会変革」をテーマに書いている。彼女は、多喜二は「うそのハッピーエンドを自分に禁じていたが、希望は絶対に譲らなかった」と述べる。「脅しと虐待の下で働く者にとって、怒りを感じることすらあまりにもエネルギーを要する」からこそ、「心底から揺り動かす」文学を求めた、と。明確でなくても人間的価値の剥奪を直感する若い声が出され、それに誠実に応える思索と言葉（モラリティー）が現れている。私たちは、ここに注目し、学ぶ意義を見いだしていきたい。

自己責任論を溶かす教育実践

自己責任論を溶かす教育実践とは何か。生育の過程で、いじめや不登校などさまざまな「傷」を負いつつ、生活上の切実な問題＝貧困問題を学習課題としてとり組んだ子どもたちの姿を紹介したい。

小田原市の旭丘高校の生徒会による「学費問題へのとり組み」は注目できる。旭丘高校は、全校生徒約一三〇〇人で、現在（二〇〇八年）、一〇六名の生徒が授業料未納であり、そのうち七七名が三か月以上の滞納、未納合計金額は約一六〇〇万円だという（堀内文兵「旭丘高校のとりくみ」『教育』二〇〇九年八月）。

生徒たちは、授業料未納の仲間が多くいることを知り、「どんな思いで生活しているのだろう」「悩んだり傷ついたりしてきたのだろう」と仲間のことを考えはじめる。そして、「学費の問題は自己責任でありません。私たち高校生の学ぶ権利を保障してください」という長い要請文を文科相と財務相に送る。そこには、彼らの率直な声が綴られる。中学時代は不登校だった、だから自分を受け入れてくれる公立高校はなかった。中学時代にいじめにあった。誰も信じられなかった、しかし、旭丘高校はそんな自分を大切にしてくれる、と自分を語る。心に傷を負った生徒たちが、子どもの権利条約を学び、仲間を得て、学ぶ権利保障を要求する。ここに、自己責任論を溶かす意識の形成過程が存在すると考えたい。

冒頭で触れた大阪千代田高校の生徒たちは自己責任論に向きあう。文化祭にとり組んだ後、ある女子生徒キクエ（三年）は、「母に貧困は自己責任じゃないと、サラ金の横暴のせいだと伝えたい」と書いた。彼女は中学時代いじめられ、高校に入学当初も深刻な低学力で会話がうまく通じなかった。ユウキは、「プライドの高い父にリストラされたことは自己責任じゃないって言いたい！」と述べる。入学の頃、家の収入を聞いても何にも知らない無関心な生徒であった（嵯峨山聖「貧困の中で生きる子どもたち」『人間と教育』二〇〇九年春号）。

二〇〇九年度の生徒会議案書は、冒頭、自分たちの手記を載せる。大阪府は私学助成を一〇パーセント削減する。私立高校の半数近くが授業料を平均五万円値上げした。Sさんは「私の周りの大人たちは『削減して当たり前』という意見が多いのは何でかなって疑問に思います。兄にも『助成金もらって当たり前と思うなよ』と言われてショックでした」と述べる。現状の大人たちに浸透している自己責任イデオロギーを鋭く直感している。Mさんは、「私が『労働組合で訴えたらいいやん』って言ったら『会社の上の人を敵に回すことになるから闘うことはできひん』と言う。『もう年やからいつでもやめていいで』という会社側の態度に、つらい思いをしながら我慢して働いている父」とわが家の事情を語る。

生徒たちは、自己責任論の人間観とその社会的背景を知りはじめている。被害を被っている側に「自分に責任がある」と感じさせてしまう自己責任論に生徒たちは向きあいはじめている。自らの生育史における「傷つき」を踏まえつつ、社会への回路を見つけ出している。こうした生徒の学力形成にとことんつきあう教師の存在を見逃してはならない。彼らの教師としてのモラルに深い敬意を感じる。

自己責任論を溶かす教師の実践とモラルの在処《ありか》をひき続き考えていきたい。

2 「教育の思想」（教育固有の価値）を探り、新自由主義を批判する

私は、民間教育研究運動団体の一つである教育科学研究会（略称教科研、『教育』の編集発行）に所属している。私は、二〇一七年、教科研の研究活動方針の作成に取りかかり、その準備のための「覚え書き」風の文章を草した。

教科研の初代委員長の勝田守一は「教育の思想」を探求することで、現代社会の基本的な仕組みを最も深いところから批判しようと心がけた。私は勝田のこの精神に学び、研究活動方針の責任の一端を担いたいと思った。多くの子ども・若者が向き合わざるを得ない現代の貧困にどう対処するべきなのか。「教師のモラル」のあり方を解く方向性がきっと見いだせるのではないかと考えて、この文章を書いた。

子どもを信頼する教師のために

研究活動方針は「研究の課題」を明示することである。これから私たちが取り組むべき課題を明

らかにすることであり（「問い」の発見）、なにがしかの結論や見解を出すことではない。私たちが向かう「研究の方向性」を定めることである。

私は、現代の深刻な教育問題を解き、より本質的な課題を探り出すということはこれまでになく難しい作業なのではないのかと思う。その理由は、おそらく、いまここにある新自由主義の教育改革が劇的な社会変化をもたらし、その変化が急速で根源的で、構造的であったからであろう。複雑な社会と教育の構造的な変化を捉える方法を見つけ出さなくてはならない。

一方で、私たち分析者の側の問題も考えてみなければならない。認識を曇らすイデオロギーが巧みにしかけられてはいないか。社会運動や教育運動が高揚した時期とは違い（一九五〇年代後半から七〇年代初頭にかけて）、「運動側」の発信力がまっすぐに大衆に届くとは限らない時代となってきた。言葉を発する上で、私たち主体の側の生き方におけるモラル（一身上の問題）が、つまり「内在する価値観」がいっしょになって問われ、その上で言葉を紡ぎだす、そうした手法（感性的現実性と具体性）が要求されることにもなってきたのではないかと思われる。

そこで、私は、「社会的矛盾の激化が内的な人間的価値＝教育固有の価値の問題を目覚めさせる」という勝田守一の言葉にいっそう学びたいと考えた。子どもと教師を信頼し、日々の教育実践に依拠する「教育固有の価値」の探求を行い、その探求された価値への確信に基づき社会と教育政策のあり方を批判すること。教科研がこれまで長い間重視してきたこの精神の今日的重要性をさらに明らかにすること。この思想が重要なのではないかと考えた。

新自由主義のイデオロギーと政策は、社会不信、政治不信、子どもと教師に対する人間不信を基調としており（これは人間の本性に「同感」の存在を示した一八世紀のアダム・スミスの思想＝自由主義の思想とは決定的に異なる。瞠目卓夫『アダム・スミス』中公新書、二〇〇八年、参照）、そのために「監視と評価と説明責任の論理」を強引に教育政策の力学に導入し、子どもと若者の世界に排除と憎悪（ヘイトスピーチ）と孤立感を増幅させ、学校の現場から自律性と専門性を奪う管理統制をもたらしていたからである。したがって、人間と子どもへの不信からではなく、人間の成長と発達への信頼に依拠した「教育の思想」を探求し、「教育のことば」を取りもどす実践を創造しなければならないと思えたからである。これは、幻想ではもちろんなく、単なる強がりでもなく、日々努力を重ねて切り拓いてきた多くの教師や父母の教育実践と教育運動の成果を知り、その蓄積に学び、教えられたという確かな根拠に基づいてのことであった。教科研編『講座　教育実践と教育学の再生　全六巻』（かもがわ出版、二〇一三年～一四年）は、その成果の典型であった。その成果に学んで、いま、あらためて、子どもと教師に信頼をおく――主体の側のモラルに依拠する「教育の思想」を探究する教育研究活動方針を考えてみたいと思ったのである。

新自由主義政策下の子ども・若者、そして教師

現代社会とは何か。私たちはどのような社会に生きているのか。なぜ、教育固有の価値への探求

がことさらに自覚される必要があるのか。

グローバリゼーションは一九八九年にベルリンの壁が崩壊し冷戦構造が終結して以降の政治、経済、社会、文化、教育の構造的変化を示す。資本蓄積が国境を越え地球上のいたるところで進行し、市場経済の世界化がすすみ、国民国家の規範と統合システムに大きな揺らぎが生じてきたのがグローバリゼーションの時代であった。日本の新自由主義政策と教育改革は、一九九〇年代後半以降、資本蓄積と市場経済の世界化を目的に、国民国家と教育システムの解体と再編に向かってすすめられてきた（以下の記述は、次の文献を参照した。佐貫浩『危機のなかの教育』新日本出版社、二〇一三年、佐藤学「教育改革の中の学校」、『教育　変革への展望1』岩波書店、二〇一六年、木村元『学校の戦後史』岩波新書、二〇一五年、佐藤博「報告レジメ」、『教科研ニュース』二〇一七年六月）

どのような事態が生まれたか。一九九五年に日経連は「新時代の『日本的経営』」を発表、雇用形態を⑴長期蓄積能力活用型、⑵高度専門能力活用型、⑶雇用柔軟型の三つに分類し、終身雇用制と年功序列制を崩して、非正規雇用の拡大に拍車をかけることとなる。二〇一七年現在、大企業の内部留保は史上最高を更新している。非正規雇用労働者は四割を超え、一九九〇年には二割であったのが二五年間で倍増した。独身世帯の女性の三分の一が年収一四〇万円以下の状態にある。企業秩序は、中心の統合と周辺の排除・分断が起こり、解体と抑圧があらたにすすんだ。若年層を中心にワーキング・プアー状態がすすみ、ニート・フリーターという言葉が「蔑視感」を伴って登場した。

子どもの貧困率の増加が著しい。厚生労働省調査では、二〇〇六年における子どもの相対的貧困率は一四・二パーセント（OECD加盟国でワースト四位）、二〇一二年には一六・三パーセントへと上昇した（その後、二〇一八年まで、一三パーセント台で推移している）。一人親世帯の子どもの貧困率は五四・六パーセントで世界最悪である（二〇一二年現在。二〇一九年現在、一人親およそ二人に一人は変化なし）。小・中学生にたいする就学援助は、二〇一二年で約一五五万人、過去最高の一五・六パーセントであり、二〇一六年で一五・〇四パーセントで微減しているが、小中学生の約七人に一人が就学援助を受けている。児童虐待件数は、毎年過去最高を更新し、二〇〇六年では三万七三二三件、二〇一五年では一〇万三二六〇件、二〇一九年では一九万三七八〇件となっている。子どもの貧困は、「貧困は自己責任である」という観念が張り付き、子どもの学び発達する権利をいちじるしく脅かしている。

教師の週当たりの労働時間は、五六時間四二分（全教調査、二〇一二年）である。同時期のOECD加盟参加国調査の平均は三八時間となっており、日本の教師の労働時間は著しく多い。この数字は、二〇一八年OECD国際教員指導環境調査（TALIS）の、五六時間、三八・三時間とほとんど変わらない。正規の授業時間の他の雑務、会議の打ち合わせ、課外活動に膨大な時間が注がれている。自主的・自発的教育活動とはいえない勤務実態である。研究意欲の後退や教職員集団の不統一が生まれる。さらに精神疾患や休職の増加がある。

では、政府の教育改革はどのような原理ですすめられてきたのか。

新自由主義の教育改革は、公教育の非効率部門の解体・規制緩和を遂行し、一方で、学校を市場的競争下におき、保護者による学校選択や学校評価の導入を行い、学校が自ら改革する努力を引き出す過剰なイノベーションを要請してきた。中高一貫校の拡大、習熟度別学習の促進、大学入学年齢制限の撤廃が行われ、さらに、指導力不足教員の配置転換と排除、民間人校長の任用と校長裁量権の拡大、学校外部評価がすすんだ。こうした政策は、おさまらない教育病理に映る事象（学級崩壊や引きこもり、不登校、高校中退、校内暴力、日本型高学力の崩壊など）をとらえ、原因を学校と教師に責任転嫁して不信を意図的につくり出す手法によって、政府によって遂行された。この改革には「行政無謬《むびゅう》主義」の思想があり、「行政側こそが改革主体である」（市民・運動側ではない！）という正当化論理が伏在していた。

政府の改革はこれまでの学校規律秩序の維持強化の改革と補い合っていた。問題を抱えた子どもへの厳格な対応であるゼロ・トレランスやマニュアル化された学校スタンダードが学校と教師に押しつけられた。「させられる教育」の常態化である。物言えぬ教師と教師の看守化が進行した。判断停止圧力が学校と教師を圧倒しはじめた。度重なる学習指導要領改訂で、入学式・卒業式での国旗掲揚、国歌斉唱の指導の徹底が図られた。靖国派（歴史修正主義）の教科書が検定を通過し（歴史、公民、道徳）、学校現場での実際の使用がはじまった。偏狭愛国ナショナリズムは草の根の獲得を開始した。

新教育基本法（二〇〇六年）の教育振興基本計画のもと、目標・評価システムの導入が行われた。

学習指導要領の到達目標を明確にし、それを全国一斉学力テストによって評価し、目標と評価をつなぐ達成プロセスを各学校に担わせ競わせ、絶えず改善させる目標・評価システム（ＰＤＣＡサイクル）が深く浸透してきた。教師・学校への空疎な目標数値化の実施であり、これは教師の専門性と共同性の侵害に結びつき、教師から誇りと熱意と献身性を剝奪した。子どもとともに生きるという教師のまじめさはこうして奪われていった。

新自由主義教育政策のイデオロギーは、教育をサービスに転換させ、教師と親が教育を共同で担う「信頼」の関係を崩壊させた。教育を与える側（国、学校、教師）と教育を受ける側（親、子ども）を対置させ、国民の議論と関心はそのサービスの需給関係と内容にもっぱら集中させてしまった。この関係の構図では、教育の自由を理念に親と教師の共同をつくりあげ、権力の恣意的な統制に対峙する人々の対抗的な意思の形成という考え方は入り込む余地がない。改革の主体はつねに国家・行政であり、教師はあくまで管理統制の対象であり、子ども・親は教育をともに創造するパートナーというよりもサービスを受け取る消費者（選択の自由だけが許される）という位置づけにおとしめられていく。人間の不信（子どもと教師の不信）を起点におけば、このようなイデオロギーと政策が生み出されるほかないだろう。

第二次安倍晋三政権は、二〇一六年、戦後レジームからの脱却を標語として、解釈改憲による安全保障関連法案（＝戦争法）を強行裁決した。平和と民主主義、立憲主義の教育システムを否定する暴挙であった。私たちはまさに危機の時代に生きている。教育の価値とは何か。教育固有の価値がなぜ問われるのか。教育と平和と民主主義の危機だからこそ、もう一度、教育の原点を問い直してみる。そのような時代なのだと思う。

「子ども理解」と「教育実践志向」

『子どもたちの声と教育改革』（新日本出版社、二〇〇八年）を著した田中孝彦は、『子ども理解と自己理解』（かもがわ出版、二〇一二年）で重要な問題を提起している。子ども理解とはどういうことなのかにこだわり続けてきた田中にとって、教育学研究の世界には不思議といえるほどの疑問がある。それは、今の教育学研究の世界は「子どもを理解する」という問題に関心が向かわない、ということだった。

最近の日本の教育研究は、これまでの民間の教育が担ってきた実践と研究への敬意と関心を払わず、「新しい装い」の議論ばかりをしようとの傾向が強まっている。現実に生きる子どもたちの具体的で本格的な研究への関心が薄らいでおり、いまの教育研究は「子どもからの逃走」とも言うべき状況に陥っているという。田中のこの教育学研究の現状批判は痛烈であるが、ここに私たち教科研が何を大切な課題にしようとしてきたのか、その姿勢が端的に示されていた。

同じく教科研の久冨善之は、困難から希望への途を求めた最近の著書『日本の教師、その12章』（新日本出版社、二〇一七年）のなかでいう。久冨は、かつては教師が持つ体制的な体質に批判的な文章を書いてきたが、ここ二〇年あまりは、教師がおかれた現状のひどさを痛切に感じ、そうであるがゆえに、日本の教師が財産として持ってきた「子ども思い」や「教育実践志向」を見直すことに心がけた、と同書で述べていた。子どもへの根底的な信頼こそ、教師・子ども関係が形成されて教育実践が生きて働く要因になってくるという。久冨は、これを「子ども成長民主主義」と名付けている。

田中の「子ども理解」へのこだわり、そして、久冨の「教師における子ども思いと教育実践志向」への注目。私は、こうした子どもと教育実践に対する二人の理論的傾向を「教育固有の価値」への探求の典型的事例と考えている。田中も久冨も、教科研をはじめとする戦後教育学の継承（批判的に）の重視のうえで、そのような関心と理論的な成果を蓄積してきた。

戦後教育学批判について

こうした教科研の教育学研究の歩みをみて、今日、気になる教育学者の発言がある。広田照幸による勝田守一の教育的価値論などを念頭におく戦後教育学への批判である（「教育学の混迷」と題して『思想』二〇〇七年三月号に掲載）。これは広田一人の突出した発言というよりも、近年の教育学界全体にかなりの幅と重みで存在する考え方なのだと思っている。

広田の主張を簡潔にまとめると次のようになる。

教育固有の価値（教育的価値）から教育政策や教育制度を批判する、そのやり方は今日問題である。

第一に、他の学問分野との交流を妨げる。

第二に、思考を停止したままで、教育固有の価値（子どもの声を聴く、など）による教育政策批判はたやすい。これでは政策提言につながるきちんとした実証的な現状分析はおろそかになる。

そして第三に、一九八〇年代から九〇年代のイデオロギー状況の変化によって、素朴な「普遍主義」への信頼は崩れ、「発達や人権」に足場を据えた教育学は懐疑にさらされることになった。つまりこれでは状況に見合う理論の形成ができなくなる。子どもの声に足場を置く教育学は、新自由主義的消費者欲求を批判する根拠は見いだせない。

広田以外の他の戦後教育学批判を含めて言い直せば、教育固有の価値というものは陳腐化・硬直化をまぬがれず、そのためにかえって教育の社会構造的認識を妨げ（教育の非政治化）、さらにそのこだわりは「教育病理」を生みだす要因ですらあるということであった（教育病理の元凶としての教育学）。

はたしてこの批判は戦後教育学にたいする正しい理解に基づいているのかどうか。私はこの批判に誠実に応えたいと考えるが、さしあたり、戦後教育学の混迷の原因とされる教育固有の価値から教育政策を批判するその思想について、私の考えを述べておきたい。

勝田守一の「教育の思想」

勝田守一（一九〇八～六九年）は、広田が批判の筆を執った同じ『思想』の四〇年以上前の一九六四年二月号「思想の言葉」で、「教育の思想について」を書いている。勝田は、そこで、教育固有の価値から教育政策や教育制度を批判するその意義、つまり、教育の思想とは何か、を論じていた。

勝田は、日本の近世（江戸時代）に生まれた「教育の思想」は、そもそも弱い伝統であり続けたと述べている。教育の思想とは、時代の政治や宗教や経済とかかわりながら、それらすべてを「人を引きあげるという文化」のもとにとらえ直すことから生まれる思想のことであった。社会のすべてを「教育の相のもとに」とらえる思想こそ、教育の思想である。そして、近世から近代、そして現代に及ぶまでこの「教育の思想」の伝統が決定的に弱かった、というのだ。これは重要な指摘である。

教育の思想の伝統が弱かった（思想に固有の頑固さが少ない）がゆえに、かえって、政治や産業の要求にしたがって、先進諸国の便利で有効な制度や方法を、素直に受け入れることもできた。教育思想の伝統が弱かったからこそ、教育を容易に政治や経済の延長としてとらえる姿勢をつくり出した。矛盾のようだが、軍国主義と経済成長に寄与した日本の近代教育制度はこうして生まれた。勝田はこのように考える。

経済成長の成功とは裏腹に、弱い伝統の教育思想に欠落するものは、「教育が自分の固有の場所を意識して、外からの力を処理して、絶対に自分の中に踏み込むことを許さぬものと、自分を貫徹する条件とを選択する力量」の思想であった。「人間を引きあげるという仕事から、政治や経済のあり方に、逆に要求を突きつけ、許しえぬものを拒否する思想」が、近世以来、近代を経て現代にいたるまで、私たち日本人には決定的に欠落していたのではないのか。勝田はこのように考えた。

わたしは、勝田のこの思想史的射程の長さに驚く。教育の相のもとにとらえる教育固有の価値の探求とは、近世以来の日本人の生き方と社会形成の思想そのものと深い所でつながっていた問題であった。

私は、勝田の「教育の思想について」を読んで、さらに、次のように思う。二三〇〇万人以上のアジアと日本人のおびただしい人びとの犠牲を経て生まれた戦後日本社会において、その侵略戦争の反省の質を契機として、わたしたち日本人は、はじめて、社会のすべてを教育の相のもとにおいてとらえる思想を手に入れるまでになったのではないのか。あるいは手に入れる可能性を得たということではなかったか。教育の思想の弱い伝統をやっと克服する時代にいたった。勝田はそのように考えるところまでに行きついたと思いたい。「教育固有の価値」の探求という思想の歴史の長さと重みを感じる。

私たち日本人は、なぜ、そもそも教育思想がそのような伝統の弱さしかもたなかったのか。この疑問に真剣に答えなければならない。私は、「教育固有の価値が陳腐化し教育学が混迷している」と考えるのではなく、教育固有の価値の探求を、それこそ、近世・近代・現代に貫いて行う努力がまだまだ足りなかったという問題なのだととらえたい。

勝田は、現代の政治や経済や学問とのきびしい関わりを意識しながら、国民の心のなかに、教育として貫いていくことのできるものは何かと問うことこそ教育の思想であると述べている。この勝田の考え方は、他の学問分野との交流を妨げるという指摘とほとんど無縁ではないだろうか。むしろ、他の学問分野との交流を本当にはたす意欲的な主体性を示す原動力になるものではないだろうか。教育学が意欲的に他の学問と主体性を明示して交流の発信を送る。教育固有の価値の探究とは、内に籠《こ》もる閉塞した精神ではなく、真に開かれた独自性を堅持する開放性を示す気概の表示だったのではなかったか。

おびただしい人々の犠牲の後に生まれた戦後日本社会にいたってはじめて、私たちは「教育の思想」を形成する課題に向きあったといえる。この歴史認識を踏まえて研究活動方針の作成を進めていきたいと考える。

第3章　歴史の中で、教師のモラルを考える

1　教師の良心宣言はどのようにして可能か

一九九九年八月九日、国旗・国歌法が成立した（「日の丸」・「君が代」の法制化）。文部省（当時）は「国旗掲揚・国歌斉唱の実施状況調査」結果を付して「国旗・国歌に関する指導が一層適切に行われるように」との通知を出した（一九九九年九月）。各地の教育委員会は、国旗・国歌について学習指導要領に則った指導を行う職務命令はあり得る、との姿勢を強めた。国旗・国歌法、学習指導要領の法的拘束力そして職務命令という幾重にも覆われた権力的統制の状況が学校に生み出された。この状況の下、私は、教師は自らが信じる教育観にしたがうとすればどのような教育実践ができるものだろうかと考えた。教師のモラルのあり方を問うてみた。

日の丸・君が代の強制と教師

「日の丸掲揚、君が代斉唱」の声がかかるとき、教師たちはどう判断するのか。教師一人ひとりが良心に背かない行動がとれるのかどうか。この問題が痛切に問われている。問われようとしている。その時が、すぐそこに来ている。今春の卒業式と入学式で。

「〇〇先生は、ふだんの主張どおりに立ちあがらなかった」

「〇〇先生は、しぶしぶながら立ちあがった」

「〇〇先生は、言っていることとやっていることが一貫していない」

教師たちは、こうした生徒、父母の視線のなかにいる。いかなる態度をとるべきか。

衆人環視の中で、自らの意に背いた態度をとること、これは充分なストレスとなって教師個人を襲う。押しつけられることの心理的ストレスと押しつけに従うことのストレス。

現実には、ほとんどの教師が整然と起立し、君が代を歌うか、歌うふりをしている。文部省の近年の日の丸掲揚・君が代斉唱の実施率——一部の地域を除いて全国各県で一〇〇パーセントに近い調査がそれを物語っている。

同僚の多くが、日の丸掲揚、君が代斉唱に従っているとき、なぜ、自分一人がそれに反対の意をとなえなければならないのだろうか。

長年、日の丸・君が代問題にとり組んできた山住正己は、卒業式に際して、教師が日の丸を掲揚し君が代を斉唱することで子どもや生徒が不信感をもってしまう、教育上の重大性をつぎのように指摘している。

「現実には、ほとんどの教師が君が代を歌っている（ふりをしている）。それが本心にもとづいているのならかまわない。しかし、本心は別にあるのに、右へ倣え式で起立しているのであるならば、それは、卒業生とその父母たちを前にして教師が自身の良識を糊塗していることにならないだろうか」(「世界に国境がなくなれば国旗・国歌は不要になる」、『論座』一九九九年三月)。

この指摘は、深く考えてみるに値する。教師が自分の良識を糊塗することが、なぜ、問題とされなければならないのだろうか。「児童や生徒が教師に不信感を持ってしまったら、授業は成立しない」、山住が教師の良識の糊塗を問題にする理由である。

しかし、良識を守ること、すなわち押しつけを拒否することは、職務命令によって職を脅される恐怖を覚悟することであり、実際に処分をうけることに通じかねない。教師の良心宣言――これはきわめて困難な課題であった。

明瞭な反対の意思を表すことのできる教師は、限られるのではないか。では、いったい、どうすればよいのだろうか。

人間は生きていくために飯を食っていかなければならない。職を失うことはそれを困難にする。家に帰れば子どもたちが待っている。近くには介護を要する老父母が在る。家族の生活を犠牲にはできない。したがって、解雇をともなう処分の恐怖は大きい。

処分の発令は、教師の生活に支障をきたす。しかし、処分の効果はこれにつきない。処分を受けた教師は職場で孤立を強いられる。孤立という恐怖、人間関係において孤立ほど怖いものはない。だから、「君が代斉唱起立」にしたがうことは、やむなくとった態度だということは十分に理解できる。問題は、このやむなくとった態度をいかに自覚し、どのような対処をほどこすかである。

たとえば、なぜ、自分は卒業式で起立したのか、その理由をきちっと生徒に説明することである。やむなくとった態度であることを話すことである。これはおそらく勇気のいることだと思う。起立せず座ったままでいることも勇気ある行為であろうが、この告白もまた勇気ある行いではないか。これは、日の丸・君が代強制にたいする今日的な「良心宣言」のあり方なのではないだろうか。

この良心宣言を意味あるものにしていくためには、当然、日常的な教育実践のなかで日の丸・君が代が歴史上果たした役割（アジア侵略）などについて、子どもたちに話すことが不可欠である。もちろん、ここでもさまざまな教育的工夫と細心の注意がいる。そして、日常的な教育実践が卒業式のやむなき態度によって台なしにならないように、良心宣言を行う必要があるということである。これは一つの良心宣言のあり方である。おそらく、このような考えをもって卒業式にのぞもうとしている教師がいるのではないだろうか。

課題としての「良心の自由の優位性」

それにしても、教師は、いま、一人ひとり、自らの良心がむき出しにさらされている。この現実の重大さは、やはり、問題にしなければならない。教師は、基本的人権である「強制されない自由」と「推知されない自由」がいちじるしく侵されている。

日の丸、君が代が国民統合の「踏み絵」として機能しはじめた。異端者のあぶり出しである。教育現場は、「同調への強制」が増大し、「服従への逃避」が静かに行われていく。

戦後、日本の教師は、はじめて、国家とは何かを問う相対化の視点を獲得した。しかし、いま、国旗・国歌法の制定によって、教師はまるごと国家に包摂され埋没させられてしまう、そのような事態が急速に強化されようとしている。さきの山住の危惧もここに発する。

もともと国旗・国歌は国家や国民のあり方やアイデンティティと深く関わっており、様々な観念や価値観と交錯することは避けられず、各人の思想・良心の自由と衝突しやすいものであることはつとに指摘されてきた。たとえ国旗・国歌であっても、歌わせ敬礼させる圧力をかけることは良心の自由を侵す人権侵害となる。まして、日の丸・君が代は過去の侵略戦争における国民のナショナリズム形成に有効に機能したのであり、それを侵略主義のシンボルとして拒否する人々は多数存在する。

公務員であればその良心の自由は制限あるいは侵害されてよいというのであろうか。教師における良心の自由の優位性を明らかにしなければならない。

教師の良心の自由をめぐる教育学的検討は、これまでかならずしも十分ではなかった。これは、思想・良心の自由をめぐる闘争の歴史的蓄積が、近代日本においてきわめて微弱であったことと関係しているのかもしれない。

しかし、少ないながらも教師の良心宣言の可能性を歴史のなかに探り出すことはできるし、それ以外に有効な力を得ることはむずかしいのではないだろうか。きっと、今後の日の丸・君が代の強制から身を守る何らかの知恵を与えてくれるに違いない。

かいなでの勇気ではなく――徳冨蘆花の謀叛論

一九〇〇年代、明治三〇年代後半から四〇年代前半のこの時期。日本は、日清・日露の戦争を通じて本格的な帝国主義国に成り上がり、アジア侵略に大きく乗り出していく。日清戦争後の労働争議の頻発にたいし、一九〇〇年に治安警察法を公布し、弾圧体制を固める。公然と広がってきた社会主義運動も、一九一〇年の大逆事件によって「冬の時代」の中に窒息させられていった。

この本格的な帝国主義国家形成期において行われた良心宣言を取りあげたい。一九一一年二月、旧制一高の弁論部集会で徳冨蘆花《ろか》は「謀叛論《むほんろん》」を演説した。大逆事件※、幸徳秋水等一二名が処刑された一週間後に、蘆花は大逆事件への異議申し立てをおこなったのである。誰ひとり公然と批判できなかった幸徳処刑批判を、蘆花は一高生を前にしておこなった。

※一九一〇年、天皇制政府は明治天皇暗殺計画という虚構を仕立て上げ、幸徳秋水ら数百名の社会主義者・無政府主義者を検挙し、非公開裁判にかけ、翌一九一一年一月一八日に、二四名に死刑判決を下した（翌日、一二名は無期に減刑。秋水らは一月中に刑を執行される）。近代日本における「冤罪《えんざい》事件」の原点とされる。

中野好夫は、この蘆花の謀叛論の意義を、「この時、この時点において、たとえ一高という特定場所ではあるにせよ、よく公然とこの抗議の声をあげたという一事につきよう」と述べている。「幸徳等処刑のわずか一週間後にあって、敢然としてこれだけの発言をしたものは、断じてひとりもいないのである。一高生の拍手、そして感激が暗示するように、胸中深く国家権力による裁判を疑ったものは多かったかもしれぬが、みんな黙していわなかった。保身とまでいわぬが、思想弾圧の鉄鎖はそれほど重たかったのである」(『中野好夫集　第十一巻　蘆花徳冨健次郎』筑摩書房、一九八四年)。

中野は、時代状況を考慮して、蘆花の傑出した良心宣言を評価している。蘆花の謀叛論に注目しないわけにはいかない。

本格的な帝国主義の時代は、同時にアパシーと個人主義の雰囲気が広がった時代でもあったことに注意する必要がある。「国家よりも個人を重んじ、政治家よりも俳優を志望する」(三宅雪嶺)傾向が青年たちにあらわれてきた。都市化の急激な発展による人口流動と体制全般の官僚化による組織の硬直現象がそうした傾向を生じさせた(丸山眞男『忠誠と反逆』筑摩書房、一九九二年)。

その反動から、体制への大量的なコンフォーミティ(同調主義意識)が要請され、伝統主義者は国家を無視する思想の蔓延《まんえん》を嘆き、青年層にみられるアパシーと個人主義を攻撃した。「私」が否定され、「公的なもの」の価値が声高に叫ばれた。キリスト教社会主義者の木下尚江は、この言論界のありさまを「軍備拡張に汲々《きゅうきゅう》たる時代と社会とに於て、兵役と其《そ》の名誉とを高唱する」「今日の青年は国事に冷淡なりと言ひし」とし、かたや青年の冷淡さの原因を「戦争の理由其物《そのもの》が充分明白に理解されざりし也」「戦争を主張する諸君の説明が余りに疎大旧式にして、彼等青年の緻密《ちみつ》な脳髄には何分にも納得せられざるに」（「兵備前の大疑問」、『新紀元』一九〇六年二月）ありと皮肉ったのは、まことに的確な時代把握であった。

兵役の名誉や公的なものの高唱、この点でもっとも大きな働きをしたのが学校教育であった。一九〇四（明治三七）年、国定教科書が日本ではじめて登場する。第一期国定教科書のスタートである。

石川啄木が故郷渋民村で代用教員として教育に情熱をもやし、小説『雲は天才である』を書いたのは、一九〇六年である。啄木は、この国定教科書制度下における教育のありようをみごとに描いている。自由な精神の喪失と権威への服従を。

S村尋常高等小学校の田島校長は、自由闊達《かったつ》な教育精神で子どもたちに信頼をかちえている若い代用教員新田に、職員室で教師の心得を諄々《じゅんじゅん》と説いている。

「新田さん、学校には、畏《かしこ》くも文部大臣からのお達で定められた教授細目といふのがありますぞ。算術、国語、地理、歴史は勿論の事、唱歌、裁縫の如きでさへ、チァンと細目が出来て居ます。私共長年教育の事業に従事した者が見ますと、現今の細目は実に立派なもので、精に入り微を穿《うが》つ、とでも云ひませうか。……正真《ほんとう》の教育者といふものは、其完全無欠な規定の細目を守つて、一毫乱れざる底に授業を進めて行かなければならない、若しさもなければ、小にしては其教へる生徒の父兄、また、高い月給を支払つてくれる村役場にも甚だ済まない訳、大にしては我が大日本の教育を乱すといふ罪にも坐する次第で、完《まつ》たく此処《ここ》の所が、我々教育者にとつて最も大切な点であらうと、私などは、既に十年の余も、—此所へ来てからは、まだ四年と三ヶ月にしか成らぬが、—努力精励して居るのです。……」（『雲は天才である』一九〇六年）

啄木は、この後、急速に社会主義思想に近づいていく。

服従（＝内面的な被縛《ひばく》感）と国家的忠誠・対外的膨張主義の歓呼が子ども・青年を囲繞《いにょう》する教育現場とその精神を強く支配しはじめたその時、蘆花の謀叛論は企てられた。蘆花は社会主義思想に共鳴し学び、幸徳の処刑に生々しいまでにアクチュアルな抗議発言を行ったわけである。

蘆花の謀叛論で次のことに注目したい。蘆花は、画一的強制を問題にし、それは自由を殺すと指摘する。さらに、自らの信条を曲げて言われるままに行動することは「霊魂の死」であるとする。かれは「天下泰平は無論結構である。共同一致は美徳である。斉一統一は美徳である。小学校の運動会に小さな手足の揃うすら心地好いものである」としながら、当局者がよく記憶しなければならないことは、「強制的の一致は自由を殺す、自由を殺すはすなわち生命を殺すので」あって、「今度の事件でも彼らは終始皇室のため国家のためと思ったであろう」が「その結果は皇室に禍し、無政府主義者を殺し得ずしてかえって夥《おびただ》しい騒擾《そうじょう》の種子を蒔《ま》いた」と警告している。また、「人が教えられたる信条のままに執着し、言わせらるるごとく言い、させらるるごとくふるまい、型から鋳出した人形のごとく形式的に生活の安を偸《ぬす》んで、一切の自立自信、自化自発を失う時、すなわちこれ霊魂の死である」と述べていた。

彼は、幸徳を処刑した政府要人の精神的貧困さをも糾弾する。「こんな事になるのも、国政の要路に当たる者に博大なる理想もなく、信念もなく人情に立つことを知らず、人格を敬すること知らず、謙虚忠言を聞く度量もなく、月日とともに進む向上の心もなく、傲慢《ごうまん》にしてはなはだしく時勢に後れたるの致すところである」。

こうして蘆花は、一高生に「諸君、謀叛を恐れてはならぬ。謀叛人を恐れてはならぬ。自ら謀叛人となるを恐れてはならぬ。新しいものは常に謀叛である」と幸徳への自らの共感を率直に吐露し、「我らは生きねばならぬ。生きるために謀叛をしなければならぬ」と呼びかけた（徳冨蘆花「謀反論（草稿）」一九一一年、『謀叛論』岩波文庫版）。

これを聞いた一高生の一人は、「水も洩らさぬ大演説をなし窓にすがり壇上弁士の後方にまで踞坐せる満場の聴衆をして咳嗽《がいそう》一つ発せしめず、演説終りて数秒始めて迅雷の如き拍手第一大教場の薄暗を破りぬ。吾人未だ嘗《かつ》て斯《かく》の如き雄弁を聞かず」（「向陵誌」弁論部部史）との感想を書いている。その一高生とは、矢内原忠雄であるという。

なにゆえに蘆花は謀叛論を公然と述べることができたのか。その原因探求は重要である。ここまであからさまな政府攻撃を行ったにもかかわらず、蘆花は弾圧されることはなかった。また、蘆花は天皇主義者でもあった。これらの点も謀叛論の意義を解くうえで今後の大切な検討課題であろう。

ただし、いまは、中野好夫がいう「かいなでの勇気だけでなしえたものとは思えぬ」と述べた点の確認を重視しておきたい。物の表面をさらりとなでただけで深くは知らない、かいなでの勇気ではこの謀叛は企てられなかったであろうということを。
かいなでではない勇気を奮いたたせてこそ良心の自由は守られるということ。蘆花の謀叛論は、そのことを教えている。

生前に公然と大逆事件を批判することはなかったが、啄木は事件の関係書類を筆写しており、深く時代をみすえる文章を遺している。

「我々は一斉に起ってまずこの時代閉塞の現状に宣戦しなければならぬ。自然主義を捨て、盲目的反抗と元禄の回顧とを罷めて全精神を明日の考察―我々自身の時代に対する組織的考察に傾注しなければならぬのである」（石川啄木『時代閉塞の現状』一九一〇年）。

啄木の「反逆性」は、ここにいたって「批判的リアリズム」にまでぎりぎり推し進められていた（坂元忠芳『教育の人民的発想』青木書店、一九八二年）。

かいなでの勇気ではない、批判的リアリズムの精神の獲得こそは、良心の自由の優位性を真に証すことができる。二〇世紀初頭の精神史は、そのことを示していた。

鳩のごとき単純と蛇のごとき知恵を――矢内原忠雄の国家批判

つぎに、蘆花の演説・謀叛論を感銘しながら聞いていた矢内原忠雄を取りあげたい。

矢内原は、東京帝国大学の教授となって一九二六年、最初の本『植民及植民政策』を著す。そのなかで彼は、「私は朝鮮普通学校の授業を参観し朝鮮人教師が朝鮮人児童に対し日本語を以て日本歴史を教授するを見、心中落涙を禁じ得なかった」と述べた。

矢内原は、戦前における傑出した植民地政策批判論者であった。その後、彼は、『植民政策の新基調』（一九二七年）、『帝国主義下の台湾』（一九二九年）、『満洲問題』（一九三四年）、『南洋群島の研究』（一九三五年）、『帝国主義下の印度』（一九三七年）と次々に成果を刊行する。人間抑圧の最たる一民族による他民族支配、すなわち植民地問題に全力をあげてとりくんだ。

一九三七年、日本が全面的に中国との戦争に突入したこの時期、彼は国内における思想問題に精力的な発言を行う。一九三三年、滝川事件が起こる。自由主義思想の弾圧抑圧である。一九三五年、政府は国体明徴運動を起こす。一九三七年、官定の国体論というべき『国体の本義』が刊行される。国粋主義的な日本精神主義が日本の思想界を広く覆いはじめる。いま、ここで、注目したいのは、一九三七年の矢内原の良心宣言事件である。

周知の事実、一九三七年八月執筆の「国家の理想」（『中央公論』九月号で削除の処分）が原因で、矢内原は東京帝国大学の教授の地位を追われることになる。盧溝橋事件の起こった直後の八月、「一気呵成に炎熱の中にありて、骨をペンとし血と汗をインクとして」書き上げた「支那事変に関する根本的反省」を求めた論文、それが「国家の理想」であった。

「国家の理想」で矢内原は、「国家が正義を指定するのではなく、正義が国家を指導すべきである。精神の世界に於ては国家が第一義の決定権を有つものではなく、最高の道徳的権威たるものではない」とのべ、国家が正義を名乗り無謬を説くまやかし、すなわち全体主義の危険性を衝いた。国家の理想は正義の維持でなければならなかった。

彼は、すべてを包みこむ全体主義的思考を拒否し、それを許す無批判的態度に注意を喚起した。そして、「現実の国家」は異論を許さないが、「理想の国家」はむしろ異論の存在を歓迎し、異論や批判の存在こそ真の国家の建設条件であるとした。

矢内原の追放を決定的にしたのはこの「理想の国家」に続く、一〇月一日の藤井武第七周年記念講演である「神の国」であった。彼はこの講演に相当の緊張感をもって臨んだ。戦慄《せんりつ》を禁じえなかったほどに、言々血を吐く思いで語った。従来の講演会において経験したことのない孤独感に沈んでの講演であった。そしてまさにこの講演が「決めて」となってしまった。

彼はいう。政治批判、この問題についての批判から遊離することによってキリスト教を守ろうとするのは、味を失った塩となるのである。日本が支那を撃つのは神の使命ではない。日本人の国家観念は心の方向を変えることによってのみ潔められ、神の国を築くために用いられる。「どうぞ皆さん、若し私の申したことが御解りになつたならば、日本の理想を生かす為めに、一先づ此の国を葬つて下さい」と、講演を締めくくった。

国家にたいして無批判なキリスト教は世俗的キリスト教でしかない。諸々の思想家による変節の過程を見据え、矢内原は自らの信条を貫き生きんとする堅い意志を宿し、孤独な闘いを覚悟した。演説は、「国の葬式が自分の葬式になった」と友人に評された。

こうして一九三七年の末、矢内原は身辺ただならぬ危機的な事態におちいった。ところが、その最中である一一月二九日、彼は東京商大（現一橋大学）で、基督教青年会五〇周年記念講演を引き受け、「自由と統制」を話す。「非常にむずかしい時期にきているので、友人である舞出長五郎教授は、私にその講演は止めてはどうかといってくれた」が、彼は意に介せずに約束を果たす。厳しい監視下、矢内原は一言一句、文字通り「鳩のごとき単純と蛇のごとき知恵をもって」講演を行う。

彼は、「若しも真理が他のもの、例えば商業とか政治とかの手段であるとすれば、商売若くは政治に都合のよい学問だけが有意義であり、他の学問学説は研究の意味が無くなるか、或は研究を許されない事になるであらう。さうなれば学問の自由といふことは存在しない事になる」といい、学問の自由の大切さを強調した。そして、「現代青年は夢を持たないと言はれるが、さう言う大人よりも夢を有つて居る。青年は未来を有って居る。青年は学問を愛して居る」と述べ、「青年は現代の苦しみの中に成長しつつ未来を荷つて行く者なんです」と、青年に未来を託した。

この講演の四〇時間後、矢内原は東京帝国大学の教授の辞表を提出した。一年半後、彼はつぎのように語っている。

「私は私の信仰と学問との合致した基礎の上に、神の Cause のために働いたと思う。その為めに自分の家庭と健康とを犠牲にした。この数年間の私の活動が辞職への途であったことは、今になって見れば明瞭になった」。

なぜ、矢内原は良心の自由を貫きえたのだろうか。信仰の深さはもちろんだが、戦前日本の同化主義を批判する植民地政策研究に拠っていることをぜひ確認したい。彼の植民地政策批判がいかなるものであったのか、ここでは紹介できないが、彼の良心を確たるものに堅持できたのは、専門研究である植民地政策学であることは明らかである（拙著『植民地支配と教育学』皓星社、二〇一八年、参照）。

日本のアジア侵略主義にたいする徹底した批判精神、戦時下における良心宣言はこの問題において最も試されていたのであり、矢内原こそこの問題に誠実に向きあっていた人物であった（矢内原忠雄『国家の理想―戦時評論集』岩波書店、一九八二年、参照）。

「貧困な哲学」に負けず

二つの歴史的事例は、良心をねじ曲げて権力に忠誠を誓い服従する行為が、いかに人間性を失うものであるのか、そしてそのことに自分はけっして与《くみ》しないという、まさにそのことを物語っている。容易に現実主義に妥協しない、そのような高い精神を近代日本の思想は、少なからずもっていたことに気づかされる。

何らかの目的遂行をめざす社会組織において、人は容易に「代理状態」になり、自分自身を他人の要望を遂行する道具と見なすようになる。忠誠と服従はこうして生まれる。

服従が顕著な社会システム下では、従順であることが善とみなされ、判断力は目的達成のためにのみ求められ、目的そのものについての懐疑や批判は忌避される。道徳的な意味は喪失し、「行政的な行為」への従属が進行する。「栄達」と「高邁《こうまい》なイデオロギー」を引き替えにして、人間性の喪失と思考の停止のうえに成立するもの、それが服従であった。管理の前提条件はこうしてできあがり、職務はなめらかに遂行されていく（野田正彰『戦争と罪責』岩波書店、一九九八年）。

日の丸・君が代の強制は、思考を停止し道徳性を喪失することにやぶさかでないかどうかを、一人ひとり判別する踏み絵の機能を果たすことであり、じつは、それが最大のねらいだったのではないか。

だからこそ教師はそれを直観し、深刻な悩みを潜在化させていく。心理的ストレスを蓄積させていくのである。身分的な職分的な「本分」論による諦観の哲学、公務員として「その分に安んじる」ことによる道徳性の譲歩。もし、ねらいがここにあれば、これは明らかに屈辱であり、教師としての誇り（モラル）を傷つける。自主性の尊重と思考の自発性、なにより教師はこの能力の形成こそを本分とする専門家だったからである。その能力と精神を体現せずして教師は務まらない。服従と教育は、もともと対立するものであり、対立するものを同時に抱え込むことは本来不可能である。この矛盾は絶対に解消しなければならない。教師の良心宣言は不可避なのである。

ナショナリズムは政治的象徴としては強力であったが、哲学的には貧困であった。そこからいかなる大思想家も生まれなかったことを、『想像の共同体』の著者アンダーソンは述べている。それにもかかわらず、人々の情念を揺さぶり、国家の運命を決めてしまうもの、それがナショナリズムであった（多木浩二『戦争論』岩波新書、一九九九年）。

日の丸・君が代はナショナリズムのシンボルである。このシンボルほど、過去に現在に政治的強力さを発揮し、思想的に哲学的に貧困な精神によって生み出され固執されてきたものはほかにない。日の丸・君が代をめぐるナショナリズムのこの強力性と哲学上の貧困にたいする批判的リアリズムによる透徹した認識、教師の良心の自由は、あげてこの批判的リアリズム精神の生き生きとした働きにかかっている。

すべての教師が、矢内原のように、あからさまな国家批判や忠誠拒否の態度をとることは不可能かもしれない。しかし、矢内原に学んで、鳩のような単純さと蛇のような知恵をもって、することなすことが自ずから良心の自由の優位性を示すような、さまざまな途を実践的にきり開いていかなければならないだろう。

2　教育勅語と教師――浸透と矛盾

二〇一七年、安倍晋三元首相の昭恵夫人が名誉園長をつとめ、八億円の国有地値引き問題が発覚した森友学園・塚本幼稚園で、園児たちが教育勅語を毎朝諳《そら》んじる映像が全国に流れて、人びとを驚かせた。このような事例を一つとして、戦後、教育勅語は何度も話題（復活）になってきた。それは、なぜだろうか。

本稿は、戦前、教育勅語はどのようにして人々の間に浸透していったのか、それに異を唱える人はいなかったのか、を調べてみたものである。教育勅語の呪縛をこえるためには、私たち自身が「新しい人間像」（モラル）を描き出すことが大切であることを論じた。

異様な数分間――教育勅語はどのように浸透していったのか

教育勅語（一八九〇年）は、公布と同時に尋常小学校を含む、すべての公式の学校に対して一律にその謄本が交付された。教育勅語は、あらゆる宗教的哲学的政治的な意見対立を呼び込ませず、しかも諸々の思想の上に国体思想を君臨させる工夫を凝《こ》らしてできあがった。

過去と現在と未来にわたる天皇と国民の道徳的な一体性という仮想を、国体という言葉で表現し、そこに教育の淵源を求める理念が記されていた。まさに、戦前の天皇制教育体制を支える公定の綱領的文書であった。日本国憲法と根本から矛盾することは明白であった（『続・現代史資料　教育御真影と教育勅語　Ⅰ・Ⅱ・Ⅲ』みすず書房、一九九四〜九六年。教育史学会編『教育勅語の何が問題か』岩波書店、二〇一七年、参照）。

では、教育勅語はどのように国民の間に浸透していったのか。政府は教育勅語の精神を主として学校を通して国民に普及させようと努めた。

教育勅語の趣旨にもとづいて教育をすすめるべしとの指示は、各種の勅令や法規類にくり返し記されていた。教育勅語の文言が法令に直接に書き込まれ、法的な拘束力を与えてきた。小学校教則大綱（一八九一年）の第二条には、修身科は「教育ニ関スル勅語ノ旨趣ニ基キ児童ノ良心ヲ啓培シテ其《その》徳性ヲ涵養《かんよう》シ人道実践ノ方法ヲ授クルヲ以《もっ》テ要旨トス」の記載がある。この記載は一九〇〇年の小学校令施行規則にほぼそのまま引き継がれる。国民学校（一九四一年〜）では、修身についての条項だけでなく、全教育活動の根底に教育勅語を置く重要性が強調される。国民学校令施行規則第一条の一は「教育ニ関スル勅語ノ旨趣ヲ奉体《ほうたい》シテ教育ノ全般ニ亘《わた》リ皇国ノ道ヲ修練セシメ特ニ国体ニ対スル信念ヲ深カラシムベシ」と記していた。

どこの学校でも三つの方法で、勅語の普及はすすめられた。第一は祝祭日の儀式における校長らによる奉読とそれにつづく訓示、第二に、毎日行われる勅語に向かっての拝礼、そして第三に修身の授業などで行われる注釈であった。

御真影《ごしんえい》（天皇・皇后の肖像写真）への拝礼、教育勅語の奉読、校長訓話及び唱歌（君が代など）斉唱を主な内容とする学校儀式は、一八九一年の文部省令「小学校祝日大祭日儀式規程」によって最初の定型が与えられた。これによって、それまで単なる休日であった国家祝祭日は、教員・児童生徒の参加が強制される学校儀式に転換される。三大節（紀元節、天長節、そして一月一日）、後に四大節（一九二七年から明治節が追加）に、それらが挙行された。そこで子どもたちは、最敬礼というまったく新しい敬礼法（＝立礼）を学んでいく。こうやって、勅語は人々の精神を呪縛し、神聖視され神格化されていく。

教育勅語は、二階建ての木造校舎であれば、二階の奉置室に保管された。階上を児童が往来する一階ではばかられたからだ。神聖視された勅語は、教員が命にかえても「奉安」しなければならないものであった。地震、火事、風水害、津波、火山噴火といった危急時には、勅語謄本や御真影を救い出すために殉職した校長や教員の事例が後を絶たなかった。奉護できなかった校長らへのきびしい処罰と、命を賭《と》して守護した教員らの美談のキャンペーンがくり返し行われた（岩本努『教育勅語の研究』民衆社、二〇〇一年）。

一九二〇年代以降、木造校舎から距離を置く防火性を備えた奉安殿（鉄筋コンクリート製の奉置所）の設置が増えていく。子どもたちはどんな時でもこの前を通るたびに最敬礼を強要された。教師は奉安殿の防備・保全監視を義務付けられた。空襲が激しくなって出された学校防火指針では、御真影・勅語謄本の奉遷（疎開）が第一に重視され、児童生徒の保護安全はその次、と定められた。

国定修身教科書には、第四学年以上から巻首に教育勅語全文が載る。最終の第六学年には「教育に関する勅語」の趣旨の説明文（三段落に分けて解説する）が掲載された。

祝祭日の儀式で教育勅語を聞くのは、わずか数分間に過ぎなかったが、日常の敬礼とはまるで違った迫力をもって子どもたちに迫ってきた。多くの子どもたちにとって、その数分間は異様であり、ただならぬものを感じさせられた。

「朕惟フニ我カ皇祖皇宗」と、校長先生が重々しく朗読しはじめる。「チンオモウニワガコチョコチョ」と、男の子がささやいて、前の子のわきの下をくすぐる。「ヒヒヒヒヒ」と、抑えに抑えた笑い声がひびく。意味の通じぬ文章に耳を傾けなければならない苦痛に、剽軽《ひょうきん》な子どもは笑いを誘い退屈をまぎらわせようとする。しかし、教師にとって、それは何としても抑え込んでしまわなければならぬ不謹慎きわまる笑いであった（山住正己『教育勅語』朝日新聞社、一九八〇年、参照）。人間の持つ成長し発達する可能性の開花を抑え込んでしまうもの、それが教育勅語であった。

内村鑑三不敬事件――声あげるキリスト者たち

教育勅語の絶対不可侵性を国民に印象づける出来事が、勅語発布の翌年（一八九一〔明治二四〕

年）に起こる。いわゆる内村鑑三不敬事件とそれを契機とした「教育と宗教の衝突」事件である。第一高等中学校（後の第一高等学校、東京大学教養学部の前身の一つ）の嘱託教員であった内村鑑三が、勅語奉読式に際して、キリスト者としての良心から天皇の宸署《しんしょ》（天皇直筆の署名）のある勅語に「奉拝」（深々とした拝礼）しなかったことが問題となり、内村は依願解嘱になる。

この事件をきっかけとして一連のキリスト教攻撃が始まる。文部省委嘱の教育勅語解説書である『勅語衍義《えんぎ》』（一八九一年）の著者である井上哲次郎が「宗教と教育との関係につき井上哲次郎氏の談話」や「教育と宗教の衝突」（『教育時論』一八九二年一一月号、一八九三年一～三月号。九三年四月に『教育と宗教の衝突』として刊行）という論文を発表し、キリスト教は国体に反すると論難する。それに対して内村らキリスト者がきびしく反論を行い、教育と宗教をめぐってはげしい議論が展開された。

このキリスト教徒が発した内村擁護や井上への批判には、近代国家における権力と宗教（倫理）の関係が明確にとらえられ、思想・良心の自由の主張（とその根拠）がみごとに展開された。重要な思想的遺産と思われるので、少し詳しく、彼らの主張をみていくことにする。

拝礼をしなかった内村当人を真っ先に問題にしたのが同校の教師・生徒たちであった。学校内外の非難の声が高まる中、彼自身は病気に伏せ、ついで妻の死が重なり、わが身を窮地に追い込むことになる。そうした中でも内村は、一八九三年三月に「文学博士井上哲次郎君に呈する公開状」を書く。内村は、米国の友人ベルに書簡を送り、井上に対して「非常に高慢なる人間にして」「基督《キリスト》教に就き凡《あら》ゆる悪しき事を述べ」たと怒りを表する。彼は全力を注いで井上に反論を行う。「余《よ》は勅語は行ふべき者であつて、拝むべき者ではないと言ひしに、文学博士井上哲次郎氏を以て代表されし日本人の大多数は之《これ》を拝せざる者は国賊である、不敬漢である、と言ひて余の言ふ所には少しも耳を傾けなかつた、爾《しこ》うして彼等は多数であり、且《か》つ其言ふ所は日本人の世論である故に彼等は余を社会的に殺して了《しま》ふことが出来た」(「不敬事件と教科書事件」、「萬朝報《よろずちょうほう》」一九〇三〈明治三六〉年八月二日発行。傍点は引用者)と、後日、端的に問題の所在を表明した。

植村正久と柏木義円の教育勅語批判

こうした内村を擁護するため、キリスト者たちが言論を展開する。代表的な人物を紹介しよう。植村正久は内村不敬事件が起きてすぐに「不敬罪と基督教」(『福音週報』一八九一年二月)を著し、勅語への拝礼に正面から反対する。つづいて「今日の宗教論及び徳育論」(『日本評論』第四九号・五〇号、一八九三〈明治二六〉年)を書き、井上の「教育と宗教の衝突」に対し反論を加える。「政治上の君主は良心を犯すべからず、上帝の専領せる神聖の区域に侵入すべからず」と述べ、天皇制国家権力に対して良心の権威をもって一歩もゆずるまいとする姿勢を明示する。「国家は其《そ》れ自らを以て最終の目的とするものに非ず」とし、人性の完成、世界の開達を図ることこそが国家成立の最大希望ではないのかと述べ、国家のあり方と人間の思想の自由を論じた。

柏木義円《ぎえん》の国家主義への批判は痛烈であった。論文「勅語と基督教」（『同志社文学』第五九号・六〇号、一八九二〔明治二五〕年）で、勅語の名によって思想の自由を妨害することは誤りであり、また、君主の権威を学問上倫理上にまで及ぼすことは立憲主義の精神に反すると述べる。「今や思想の自由を妨ぐるものは忠孝の名なり、人の理性を屈抑するものは忠孝の名なり、偽善者の自らを飾るの器具は忠孝の名なり」と批判は明快である。「立憲君主国の通誼《つうぎ》として、政治上に於《おい》ては君主は最上至高にして神聖なるものと承認するものなり。然《しか》れども、学問上、倫理上に迄《まで》其権威を及ぼし、敢《あえ》て倫理の主義を断定するが如き、決して立憲国君主の意に非ず」と立憲主義の本質を説く。「若《も》し夫《そ》れ国家を以て唯一の中心となし、人の良心も理性も国家に対しては権威なく、唯人を以て国家の奴隷、国家の器械と為す、これ国家主義か。基督教固《も》とより此《こ》の如き主義と相容れず」と明治国家を批判する。キリスト者の良心と矜持《きょうじ》をここにみることができる。

しかし、明治天皇制国家の官僚には、こうした言論を許容する寛容の精神はなかった。ある政治学者が述べるように、教育勅語の発布は、まことに「日本国家が倫理的実体として価値内容の独占的決定者たることの公然たる宣言」（丸山眞男「超国家主義の論理と心理」、『世界』一九四六年五月）であった。この論争の後、天皇は政治上の長であると同時に精神的領域における権威者であるという観念が、急速にできあがっていき浸透していくことになる（武田清子『人間観の相剋』弘文堂、一九五九年。堀尾輝久『人権としての教育』岩波書店、一九九一年、参照）。

大西祝の「批評主義」と井上哲次郎の「折衷主義」

ここでは、もう一つ、井上哲次郎のそば（東京帝国大学の哲学研究室）で哲学を研究していたこともあるキリスト者・大西祝《はじめ》（東京専門学校、早稲田大学の前身）の井上批判をみてみよう。井上哲次郎とはどのような人物であったのか。有名な『勅語衍義』を著したこの人はどのような学者であったのか。ぜひそれが知りたくなる。

大西祝は、一八九一（明治二四）年六月号の『教育時論』の「私見一束」で、「教育勅語と倫理説」を論じている。大西は「倫理主義の争いは、之を個人間の自由の討究に委ねて、可なり、若し勅語を楯に着て、倫理説場裡《じょうり》に争わんとする者あれば、予は之を卑怯なりと云わん」と述べる。大西は、勅語を楯に自由の討究を許さない者は卑怯である、とかつて哲学の指導を受けた井上を名指しこそしなかったが、批判の意思を表明した。当時、大西は、徹底した批判精神によって学問と良心の自由を擁護し、独自の理想主義を展開した存在であった。日本の現実を批評する「批評主義」（啓蒙主義）を大切にした哲学学徒であった（岩波文庫『大西祝選集Ⅰ・Ⅱ・Ⅲ』二〇一三年、参照）。

では、批判された井上とはどんな人物だったのか。井上哲次郎が、六年におよぶ欧州留学から帰国（東京帝国大学文科大学哲学科教授に就任）したのが一八九〇年一〇月。教育勅語の発布の時とピタッと重なる。そこで大西は大学院在籍二年目にして初めて井上の指導を受ける。井上は、帰国してすぐに明治政府からその国家主義体制の理論家としてスカウトされ、『勅語衍義』『教育と宗教の衝突』を次々と書いていく。大いに活用・重用されていく。※大西は、井上のこの仕事ぶりに強い不信感をもっていたようだ。井上にみられる東西の哲学や思想の性急で安直な折衷主義。大西は、温めていた日本最初の良心論である「良心起源論」をついに東大に提出することはせず、井上帰朝翌年に東京専門学校の招聘《しょうへい》に応じて、東大を去った。

※『教育勅語』の著者山住正己は、『勅語衍義』の井上哲次郎を次のように評する。「ヨーロッパに長年留学し、彼の地の文物に接し、逆に狭い愛国心を身につけるという留学生はしばしばあらわれるが、井上は早い時期におけるその代表であった」「井上は、自分が勅語の解釈者として選ばれた理由を、漢洋両方面の学識を身につけていたからだろうと推測している」。

「井上哲次郎的折衷主義」（丸山眞男『日本の思想』岩波新書、一九六一年）はつとに有名で、「日本における思想的座標軸の欠如」（＝精神的雑居性）の代表的な例に、井上の名前はあげられてきた。まれにみる折衷主義という才能によって、『勅語衍義』という書物は著されたわけである。

東大哲学科の井上哲次郎を知る、二人の人物描写を紹介しよう。戦後初期の学者文相の一人安倍能成《よししげ》（門下生の一人）はこう回想している。

「井上博士によつて創められた東大文学部哲学科が、京都大学に比して萎靡《いび》不振《ふしん》を極めた原因は、井上さんが哲学者でも学者でもなく、又真面目な人間生活の追求者でも何でもなかつたのに基づく」（安倍能成「井ノ哲博士のこと」、『我が生ひ立ち』岩波書店、一九六六年。竹田篤司『物語「京都学派」』中公文庫、二〇一二年、参照）。

「井ノ哲」という俗称を使った、これはかなり辛辣《しんらつ》な人物評であった。もう一人は、作家の夏目漱石の『三四郎』である。漱石は、一八九〇（明治二三）年、教育勅語発布の年に東京大学に入学する。東大の大教室で井上の哲学の講義を聴いていたようで、『三四郎』には、次のくだりがある。

「午後は大教室に出た。其教室には約七八十人程の聴講者がゐた。従つて先生も演説口調であつた。砲声一発浦賀の夢を破つてと云ふ冒頭であつたから、三四郎は面白がつて聞いてゐると、仕舞ひには独逸《ドイツ》の哲学者の名が沢山出て来て甚《はなは》だ解しにくくなつた。……隣の男は感心に根気よく筆記をつづけてゐる。覗いて見ると筆記ではない。遠くから先生の似顔をポンチに書てゐたのである」。

隣の男とは三四郎の引き回し役の与次郎である。「砲声一発浦賀の夢を破つて」は、井上の講義冒頭のおきまりの台詞だった。漱石にとって井上の講義ははなはだわかりにくかったようで、冷やかし気味の講義風景を『三四郎』で記した。

内村鑑三は井上哲次郎を「非常に高慢なる人間」と評していた。こうした人間でなければ『勅語衍義』も『教育と宗教の衝突』も著せなかったのかもしれない。人間の精神を縛る教育勅語の趣旨の再生産は、このような人々によって行われたということだろうか。

石川啄木、島崎藤村——教育の本質を問う

教育勅語の内容を取り上げて批判することは、ほとんど不可能に近いことであった。自ら勅語を肯定し忠誠を誓う三〇〇点以上のおびただしい勅語衍義書（解説書）があった。きびしい言論抑圧の網がかけられて、誰も抵抗できない雰囲気がつくられていた。

しかし、少ないながらも教育勅語をとり上げ、批判の意思を表した人々がいた。彼らは、どのようにして教育勅語を語ったのか。教育勅語を取りだしながら、あからさまには勅語の文言一つひとつを批判しない方法であった。その語り方には、教育の本質とは何かを探求しようとする精神の働きがあり、その教育の本質にてらして教育勅語体制の問題を見抜く、という試みが隠されていたように思う。

幸徳秋水の『帝国主義』

幸徳秋水は『帝国主義』（一九〇一〈明治三四〉年）のなかで教育勅語にふれる。教育勅語発布から一〇年が経っている。「帝国主義はいわゆる愛国心を経となし、いわゆる軍国主義を緯となして、もって織り成せるの政策にあらずや」と帝国主義の本質を見事に喝破《かっぱ》したのが『帝国主義』であった。幸徳秋水は、愛国心に引きつけて教育勅語の本質を語っている。

彼は、「内村鑑三氏が勅語の拝礼を拒むや、その教授の職を免ぜられたりき」と述べ、他に久米邦武や尾崎行雄らの「不敬」事件に言及し、※彼らは皆「非愛国者をもって罪せられたりき」とし、日本に広がる愛国心を次のように問題にした。

※東京帝国大学教授の久米邦武は、勅語の翌年一八九一年に、論文「神道は祭天の古俗」を書く。これは勅語がいう日本の国の始まりは宏遠であるとの主張に反するとされ、久米は不敬を責められ、非職となる。

憲政党内閣文相の尾崎行雄は、一八九八年八月二二日に、帝国教育会茶話会で、拝金主義を批判する趣旨で「日本が仮に共和政治ありという夢を見たとするならば」と述べる。これが不敬に問われ、文相を辞任する。

「国民の愛国心は、一旦その好むところに忤《さから》うや、人の口を箝《かん》するなり、人の肘を掣《せい》するなり、人の思想をすらも束縛するなり、人の信仰にすらも干渉するなり、歴史の論評をも禁じ得るなり、聖書の講究をも妨げ得るなり、総ての科学をも砕破することを得るなり」。

幸徳秋水には、他に『社会主義神髄』(一九〇三〔明治三六〕年)など多くの著作があるが、教育勅語にふれながら、それを批判的に言及しているのは注目すべきではないだろうか。

石川啄木の『雲は天才である』

幸徳秋水の考え方に共鳴を示し、大逆事件(一九〇九〔明治四二〕～一九一〇〔明治四三〕年)で獄中にあった秋水の陳弁書を密かに手に入れて筆写（『A LETTER FROM PRISON』一九一一〔明治四四〕年五月）までしている石川啄木を取り上げてみよう。

啄木は『雲は天才である』（一九〇六〔明治三九〕年）で教育勅語に触れている。自ら日本一の代用教員をめざした啄木は、故郷渋民村の尋常高等小学校における一年間の経験を小説にして語る。「身を教育勅語の御前に捧げ」、穏健にして平凡、温順をたっとぶ田島校長は、職員室で、子どもたちに好かれる新田先生をなじって諄々と諭す。

「新田さん、学校では、畏《かしこ》くも文部大臣からのお達で定められた教授細目といふのがありますぞ。……其完全無欠な規定の細目を守つて、一毫《いちごう》乱れざる底に授業を進めて行かなければならない、若しさもなければ、小にしては其教へる生徒の父兄、また、高い月給を支払つてくれる村役場にも甚だ済まない訳、大にしては我が大日本の教育を乱すという罪にも坐する次第で」。

日露戦争が始まった一九〇四（明治三七）年から、修身、読本、国史、地理の教科書は検定から国定制度になる。重大な教科書制度の転換となる。教育の内容（＝国民の精神）を統制する最高の形式の導入であり、教え方の全国画一の形式という授業細目が深く浸透していく。啄木は、教育勅語体制の抑圧下における実相、すなわち、教師における自由と誇りの剝奪《はくだつ》や管理職の無気力などをみごとに描いたといえる。

島崎藤村の『破戒』

もう一人、啄木が夏目漱石とともに文学の才能を高く評価していた（日記に記した）島崎藤村を紹介する。啄木と同じように学校の教師の経験をもつ藤村は、『雲は天才である』と同じ年の一九〇六（明治三九）年に『破戒』を自費出版する。そこで教育勅語を語るわけである。

『破戒』の主人公である瀬川丑松《うしまつ》は、自ら部落差別という問題を背負いながら人間的な教育を求めて苦闘する青年教師であった。

『破戒』で教育勅語が登場する場面は、明治三六年と覚しき一一月三日の天長節の描写である。天長節は、一年で最も喜ばしい祝日の一つであった。『破戒』はこの式典の仰々しい光景を描きだす。

国民のみかどの誕生日を祝うために家々の軒高く掲げられた日の丸の旗をくぐって、羽織袴の男の子や、海老茶袴、紫袴の女の子たちが次々と登校し、学級担任に引率されて式場に入っていく。すでに準備の整った式場の来賓席には、赤いリボンや銀色の記章をつけた赤十字社社員や、ことさらに風采をつくろった地方政治家たちが居並んでいる。

首座教員である丑松の「気をつけ」の号令で始まった式典は、最敬礼につづき、君が代の斉唱、校長による御影（御真影のこと）の奉開、教育勅語の朗読、満場にこだまする万歳の三唱、金牌《きんぱい》を胸にして「忠孝」について語る校長式辞、そして「天長節の歌」の斉唱から来賓の祝辞へと型どおりの式典は続いていく（川端俊英『島崎藤村の人間観』新日本出版社、二〇〇六年、参照）。

教育勅語はポツンと一か所、ここに出てくるだけなのだが、このような式典の描写それ自体が重要な気がする。さらに、注目すべきは、胸に金牌を付けて忠孝の訓示を述べた校長の教育観が描かれていることだ。この校長の信念は次のようなものであった。

「斯《この》校長に言わせると、教育は則《すなわ》ち規則であるのだ。郡視学の命令は上官の命令であるのだ。もともと軍隊ふうに児童を薫陶したいというのがこの人の主義で、日々の挙動も生活もすべてそこから割り出してあった。時計のように正確に——これが座右の銘でもあり、生徒に説いて聞かせる教訓でもあり、また職員一同を指揮する時の精神でもある」。

人間をもののように扱い、規則に従わせ統制し、はみ出すことを許さず、しかも、管理されていることへの感覚すら麻痺《まひ》させてしまうという人間の精神を縛りつける思想（規則の思想）がよく描かれているように思える。国家はこの校長の心持ちに名誉の金牌を贈ったのだ。

一一月三日の天長節の日こそ、校長が教育観の対立する丑松を放逐するための策動を始めた日でもあった。校長にとって、丑松は「生徒をご覧なさい——瀬川先生、瀬川先生と言つて、瀬川君ばかり大騒ぎしてる」と述べ、生徒に機嫌をとる丑松先生が気にくわない。「何か斯《こ》う深く考へて居て、吾輩には不思議でならない」存在であり、こうした存在は得体が知れず、「彼様《ああ》いふ異分子が居ると、どうも学校の統一がつかなくて困る」と追い出しの策略を始めていく。

『破戒』が、部落問題を扱いながら、校長と瀬川先生（丑松）という人物を造形して、教育勅語体制下における抑圧された教育の実態を描いていたことは、十分に注目してよいように思われる。人間の精神を抑圧すれば、そこには必ず人間という存在と教育の本質を問う精神的営み（人間のモラル）が起こってくるものなのではないか。そのように確信する。

執拗なやり直しと体罰——少国民世代の勅語体験

一九四一年一二月八日、太平洋戦争が勃発する。戦争の時代、教育勅語は異常なまでに尊重され、その扱いはますます狂信的で神がかり的になっていく。それを子どもとして体験したのが「少国民」と言われる世代の少年少女たちだった。

少国民という名称は、主に、国民学校（一九四一〔昭和一六〕年〜一九四七〔昭和二二〕年）で学んだ体験を持つ世代につけられたものだ。一九二〇年代から三〇年代に生まれた人々が少国民と呼ばれたことになる。太平洋戦争が勃発したその日、国民学校四年生であった山中恒《ひさし》（一九三一〔昭和六〕年〜）は『少国民シリーズ』（全五巻＋補巻、一九七四年〜一九八一年）などを著し、この言葉にこだわった作家の一人であった。一九三五（昭和一〇）年生まれの作家入江曜子も同じ世代であり、自分が学んだ国民学校時代の教科書に関心を示し、『日本が「神の国」だった時代——国民学校の教科書をよむ』（岩波新書、二〇〇一年）を書いて、そこに書かれた記述に疑問を呈している。これら少国民世代は教育勅語をどのように体験しているのであろうか。

入江曜子は、国民学校期の教育をこう語る。大東亜共栄圏構想のもとに来《きた》るべき世界戦争に向かって、その人的資源である国民をつくり出すためだけの教育。それは一言でいえば教育勅語の一節「天壌《てんじょう》無窮《むきゅう》ノ皇運ヲ扶翼《ふよく》スベシ」に集約される天皇と国家の命令にだけ従う思考しない人間、判断しない人間、心身ともに「天皇に帰一」する人間をつくりだすための「鋳型にはめる」教育であったとする。思考しない人間づくり。これが国民学校期における教育勅語の趣旨を体現する人間であった。

国民学校の教科書には、そうした目的のための内容が数多く掲載されていたとするが（例えば、死を嘆かない母・死を祝福する母という愛国の母親像など）、教育勅語そのものを扱う教材については、こんな指摘を行う。

教育勅語全文が修身の教科書の巻頭に掲げられるのは、国定教科書では四年生以降であった。それに対応して巻末に「よい日本人」（四年、五年）、「教育に関する勅語」（六年）の課目を設け、その解釈と意義が教えられる。国民学校では、最終学年の「大御心の奉体」で一通りの意味や解釈が施されるまでは、教師と生徒がともに仰ぎ、ともに奉体すべき教材――ただひたすらに経文をよむように暗唱する「非教材」（暗唱や暗写をさせて、内容が分かるかどうかは問題ではなく、ただただ鵜呑《うの》みを強いるだけのもの）だったという。教育勅語は理解すべきものではなく「奉体」すべきものだった。これが入江の実感だったのだ。

「奉体すべきもの」という教育勅語。非人間的でこっけいさがつきまとい、怒りと屈辱を味わう勅語体験をさまざま語っているのが山中恒であった。

教育勅語には難解な用語やとらえようのない内容が含まれていて、国民すべてが一つ一つの単語の意味から文章全体の趣旨までを理解することはできなかった。

まずは、教育勅語は何が何だかさっぱりわからないという事例である。隣家のおかみさんが父兄会で学校に呼ばれて、ひどい目にあったとこぼす話。

「校長先生が一生懸命、のっとって、のっとって、と言っていましたが、のゝとゝってのは何のことですかい」

「ただ、のっとってじゃなくて、皇国の道に則ってと言われたでしょう」

「アアそうそう、こうこく、こうこくとも言いましたよ。何ですね、こうこくてのは、何かの広告ですかね」（『子どもたちの太平洋戦争』岩波新書、一九八六年）

山中恒少年のいつわらざる実感。「夫婦相和シ」は、なんど聞いても「夫婦はイワシ」にしか聞こえなかった。子ども心にも「お父さんはやせていて小さいからイワシかもしれないけど、お母さんはどう見てもマグロだな」などと考えたりしながら、校長の勅語奉読を謹聴していたという（「教育勅語が残してくれたもの」、『続・現代史資料月報　教育　2付録』みすず書房、一九九五年）。

四大節の儀式から、待機の様子について。この四大節の朝は通常通りであるが、子どもらの服装は違っていて、全員一張羅で登校する。この日ばかりは一張羅《いっちょうら》なので、みんな運動場で借りてきた猫のようにおとなしく、一張羅を汚して帰ったりしたら、家で大目玉を食うから、みんな窮屈そうに神妙にしていた。

やがて「気をつけ」ラッパが鳴り、一同、直立不動の姿勢をとる。ざわめいていた運動場は、水を打ったように、しーんとしずまりかえる。この「気をつけ」ラッパは、奉安殿から、天皇・皇后の写真及び勅語謄本が式場である講堂へ奉遷される（移される）という合図なのだ。

奉読が終わって。この勅語を謹聴する姿勢には無理があった。厳寒の一月一日や紀元節（二月一日）のときには、みんなずるずるとはなみずをすすり上げ、最後の「御名御璽《ぎょめいぎょじ》」のあとの敬礼でもとにもどるときは、みんなの一斉にはなみずをすすり上げる音が講堂を圧した。一年生の中には、このとき小便を漏らす者がいたりして、それが講堂の床を音もなく流れてくるのに、勅語奉読の最中であるから身動きもならず、自分のところに流れてこないように懸命に祈り続けた（前掲『子どもたちの太平洋戦争』）。

教育勅語と御真影が奉納されている奉安殿の前を通るときには、子どもたちは必ず、どんな時にでも最敬礼しなければならなかった。恒少年が、いったん登校して忘れ物を取りに戻るとき、確かに最敬礼をしたはずだが、物陰で見張っていたらしい教師に呼び戻されて、最敬礼のやり直しをくったことがある。おそらくそのとき、恒少年の表情に不服の色合いがあった。教師はそれを見逃さず許さず、心がこもっていないとか、頭をあげるのが早過ぎるとか、執拗なやり直しをさせた。時刻は迫るし、何とも切なかったわけだ。恒少年はまだましな方であった。この教師から手ひどい体罰を食わされた子どもたちは少なからずいた。最敬礼がぞんざいであることは、最大の不敬・反逆※

であるとされた（『ボクラ少国民』辺境社、一九七四年）。

※不敬・反逆にたいする暴力。一九三五年生まれの作家・大江健三郎は、奉安殿における校長から受けた暴力を告発している。「校長は、奉安殿礼拝のさいに、ぼくが不まじめであったといってなぐるのだ。奉安殿は、近隣まれにみるりっぱさ、校長自慢のものであった。日曜の夕暮れに、ぼくは玉砂利をふんでのぞきにいったが、金色につやのある木の台と紙箱と、天皇陛下と皇后陛下の写真が見えたのみであった。ぼくは毎朝の礼拝にまじめになることができず、そこで校長に歯がゆがむほどなぐられた。／そこで、日本の農村出の青年は天皇にかくべつ敬意をもってはいまい？とアメリカ人の二等書記官がたずねたとき、ぼくは答えたものだ。おれは校長と天皇とを最も恐れていた……」（『厳粛な綱渡り』一九七五年、文藝春秋）。四国愛媛の大瀬国民学校時代に国粋主義的初等教育を受けた大江は、戦後民主主義の意義と新憲法のモラルを説き続けてきた。

山中は、教育は国家に帰属する営為であるとする教育勅語が学校教育を支配する限り、その理念を体現しなければならないのが教師であったと述べる。教師たちは、人間である前に「戦う少国民」たちを公明正大に叱咤激励《しったげきれい》し得る模範的な存在でなければならなかった。しかし、人間である以上、つねに模範的な役割を演じることはむずかしかった。うっかり人間的な対応をのぞかせる場合もあったとする。

子どもの綴方《つづりかた》は、特高警察にとって教師の思想的リトマス紙とみなされてもおり、教師は細心の注意を払って（書き直しなど）、子どもの綴方《つづりかた》を公表する。山中は、奈良女高師付属尋常小学校編の『戦争と子供』(博文館、一九四三〔昭和一八〕年)という綴方集をよく読むと、国民学校以前と以後の綴方には違いがあって、以前の方には、まれに子どもが感じた感情を素直に表出した文章があったりすると述べている。うっかりと人間的な対応をしてしまう、そういう例だという。

「お父さんの応召」(八木嘉子、尋常小学校六年)は、父親が応召する悲しさがリアルに描かれていた。父が日頃丹精したバラを思い、「せめてあのばらが花の咲いたのを見て行つたらいいのに、空は割に晴れてゐるけれど、心は曇つて居る」と綴る。祝いに大勢で来て騒いでいる親類の人たちに父が連れて行かれてしまうようだと、素直な気持ちが吐露されている。

しかし、こうした綴方の出現は国民学校になって以後には、ほとんど不可能になる。教師の指導は徹底されていく。自分らしい感情描写は許されず、それは削られ、子どもの本音を表面化させまいとする「残忍な指導」がきめ細かく行われていった、と山中は述べていた(『撃チテシ止マム』辺境社、一九七七年)。人間らしい感情を欠落させたまま、国策的建前の方へすべて組み込まれる、そうした綴方作品のみが巷《ちまた》にあふれるということになっていったと述べている。

国民学校時代の人々の狂気。山中恒は教育勅語をこの狂気を生みだす根源的な原因であるとして様々な戦時下の風景(おかしくて悲しい)を描いているのであった。

片手にサーベル、片手に勅語——植民地朝鮮で

植民地朝鮮における教育勅語について、話をしてみよう。教育勅語は、日本人は優秀な民族であり、朝鮮人（＝異民族）を支配することは当然であるとする意識を形成する重要な根拠として使われた、ということが明らかになる。

朝鮮における植民地教育支配は、保護時代期（日露戦争後の一九〇五年～）、第一次朝鮮教育令期（日韓併合後の一九一一（明治四四）年～）、第二次朝鮮教育令期（一九一九（大正八）年勃発の三・一独立運動後の一九二二（大正一一）年～）、そして第三次朝鮮教育令以降（一九三七（昭和一二）年日中全面戦争後の一九三八（昭和一三）年～）に分けて考えられる。第三次朝鮮教育令以降でいえば、「皇国臣民の誓詞」の制定とその朗誦を中核とする学校儀式の肥大化、朝鮮語の随意科目化（必修ではなく、土地や学校の状況によって開設してもしなくてもよいとする処置。やがて朝鮮語科は廃止）、皇国臣民体操の実施、そして、陸軍特別志願兵制度の発足（一九四四（昭和一九）年の徴兵制に続く）、創氏改名の開始、神社参拝の強要の徹底などが行われる。

一九一一年八月、「朝鮮ニ於ケル朝鮮人ノ教育ハ本令ニ依ル」と定められた朝鮮教育令が公布される。その第二条は、朝鮮人の「教育ハ教育ニ関スル勅語ノ旨趣ニ基キ忠良ナル国民ヲ育成スルコトヲ本義トスル」と規定される。第五条には「特ニ国民タルノ性格ヲ涵養シ国語ヲ普及スルコトヲ

目的トス」とある。日本帝国臣民化のためには、天皇制思想の注入と国語（＝日本語）の教授とが基本であることが強調された。

一九二〇年（大正九年）まですべての日本人教師は官服に身をかため、帯剣して教場に行き、威圧しながら朝鮮人青少年を教えた。教師は、つねに警官と連絡を取りあって、治安の一部をうけもった。こうした片手に武器（サーベル）、片手に教育勅語という教師のあり方は、朝鮮における同化主義教育の大きな特徴であった。

朝鮮の学校では、文明的教育をすすめるという名目の下、帝国臣民化（＝日本化）のための諸知識を教えられた。それまで日常の生活の中で使用してきた朝鮮語は学校の中に入るや、その使用が禁止された。学校と家庭生活の二重生活が生じる。実生活と乖離《かいり》する学校の知識が教えられる。朝鮮人の子どもたちは、学校と実生活を生きる精神の分裂（人間性の尊厳の否定）を強いられたといえる（小沢有作『民族教育論』明治図書、一九六七年、参照）。

教育勅語謄本は、一九一二（大正元）年までには公立普通学校（朝鮮の子どもたちが通う学校のこと）のほとんどすべてに交付された。学校儀式関係の規定については、第二次朝鮮教育令下の普通学校規定（一九二二年）で、三大節の祝日において教職員と児童は学校に参集し、「学校長ハ教育ニ関スル勅語ヲ奉読シ」と記された。日本国内とほぼ同様な儀式が朝鮮の子どもたちに行われていったように思われる。ただ、母語の異なる朝鮮人の子どもたちにとって、校長が白手袋で勅語謄本を高々と掲げる所作に珍妙さ・おかしさを感じたようだ。儀式の最中、教師は生徒の列に入り、不敬な言動を起こさぬよう監視し、君が代を歌い終わるや直ちに式を解散する、という実態もあったようだ（樋浦郷子『神社・学校・植民地』京都大学学術出版会、二〇一三年、駒込武「植民地支配の中の教育勅語」『続・現代史資料月報　教育　3』みすず書房、一九九六年）。

朝鮮人の子どもが手にとった教科書のなかでは、教育勅語はどのように書かれていたのか。修身は「教育ニ関スル勅語ノ旨趣ニ基キ」（朝鮮教育令）行うべきとされ、第四学年の教科書巻頭に勅語全文が掲載され、第六学年に「教育に関する勅語」を置き、勅語の解釈とその意義を述べる形式は日本国内の国定教科書と同じである。ここでは、『初等国史』※（一九四〇〈昭和一五〉年）に記述された教育勅語について取り上げてみる（磯田一雄『「皇国の姿」を追って』皓星社、一九九九年、参照）。

※国史とは、朝鮮の歴史のことではなく、天皇を中心とする日本の歴史のことである。朝鮮の子どもたちは、基本、自分達の国の歴史＝朝鮮史ではなく、日本の歴史を学ばされた。一九二〇年代から三〇年代、わずかに、朝鮮の事歴（項目）が組み込まれていたが、この『初等国史』（一九四〇年）では、それすらも削除された。

実は国史の教科書で教育勅語が記載されることはそれまでになかったことであり、国内の国定教科書国史で勅語についての説明が載るのは、一九四三（昭和一八）年の最後の『初等科国史』であった。それより三年前、朝鮮総督府によってつくられた『初等国史』に勅語が先に登場していたことになる。朝鮮総督府はなぜ、教育勅語について書こうとしたのか。近代化に際し、天皇と日本人の優秀性をあらためて勅語を使って説こうとしたように思う。朝鮮人はよくそれを見ならえということであろうか。

少し長くなるが、『初等国史』（一九四〇年）はこのように勅語を説明していた。

「国民に、ますますはつきりと国体をわきまへさせ、国のはじめから、心をあはせて忠義をつくし、いつの世にもかはることのない先祖の美風をうけつゐで、りつぱな心がまへをもたせたいとのおぼしめしからであります。御いつくしみ深い天皇のおぼしめしをいただいて、国民はめざめました。その後、今日まで五十年あまり、国中の学校で、式のある度ごとに、かならずこの勅語を奉読いたします。国民は、みな日夜み教をよくまもり、『露もそむかじ』とちかつて、心をみがき身を修め、先祖から伝えられたよいところを大切にすると共に、ますます外国のすぐれたところをまなび、忠良なる臣民として、君のため国のため、いつしようけんめいにつくすことを心がけました。」

この説明文には、奉読の場面（大勢の生徒の謹聴する）の写真があり、「露もそむかじ（勅語の奉読式）」というキャプションがついている。

近代化（明治憲法と国会の制定など）に成功した日本は、同時に、天皇を戴《いただ》き、祖先と伝統を重んじる優秀な国民性をもっているというわけだ。朝鮮人はこうした天皇と日本人にけっして「そむくことなく」、国のために尽くせよ、ということであろうか。

注意したいのは、一九四四年に刊行された最後の『初等国史』では、「外国のすぐれたところをまなび」という一文が削られたことだ。決戦体制下、こうした表現はよほど都合が悪かったのであろう。「皇国の道」のみを強調する事態に追い込まれていくことになる。

植民地朝鮮では、このようにして、教育勅語は教育支配の中心に位置づけられ、植民地の人々の精神をさまざまに抑圧する働きをしていたことがわかる。教育勅語は、日本人が優秀な民族であり、異民族を支配するにたる資質を備えているとする、排他的で自民族中心主義の意識を形成する重要な役割を担っていた。他民族への差別意識を生みだした根拠に教育勅語はしっかり据えられていたのである。

「新しい人間像」を描き出す

あらためて気づかされることは、教育勅語の問題の核心は教育における人間像をどう描くことになるのだろうか、ということであった。

教育勅語の復活が、どうしてこんなにも人びとの話題になり続けてきたのだろうか。それはまた、二〇一八年度からはじまった小学校における道徳教科書の使用と深いところで関係があるようにも思う。

これは、教育勅語の本質や戦前にはたした役割がどんなにひどいものであったかがわかったとしても、なお、残る問題ということであろうか。

うまく表現できないのだが、保守的な人ばかりでなく、一般の人々にも存在する、勅語的なるものを復活させてもいいのではないかという、そういう願いの根拠を解き明かさなければならないという問題の性質のことだ。言葉を換えれば、教育勅語には賛成できないと明確な意思表示を行えたとしても、それだけでは片付かない問題。私たちの心に内に残る未来への「こうして生きていきたい」という願望の底を探らなければ、教育勅語問題はとうてい解決しないという考え方のことだ。何かを求め、何かが欠けている、満たされない思い、満たされない現状の中に生きて、何かを求める。その願いに応えなければならない。そういう問題の在処《ありか》を感じる。それは、おそらく教育における人間的価値の究明に関連しているはずなのだと思うのだが（勝田守一「教育における人間像の条件について」、『思想』一九五一年四月、参照）。

『教育勅語』（朝日新聞社、一九八〇年）を書いた山住正己は、日本の民衆が、封建的身分という枠を越えて新しい人間像を描き、そこへ向けて教育を進めるという積極的な姿勢に欠けていたということ。それが教育勅語を成立させた根本的な原因であったと述べている。民衆はみずから積極的な人間像をもつことができなかった。それ故に、国家目的に簡単に埋没してしまったというわけだ。

どうしても、新しい人間像を求めなければならない。そのように、思うようになった。新しい人間像は、上から与えられてはならない。日本の現実そのものの中から、苦しみ、悩んでいる親と子どもと教師たちによって、生みだされていかなければならない。そうした新しい人間像をどう描くのか、これは大切な課題であると思うにいたった。教育勅語の呪縛から解き放たれるためには、新しい人間像（人間のモラル）を自らの精神の内に描くことが最も必要であるということだろう。

3　教師は植民地朝鮮で何を教えたか

朝鮮総督府は、朝鮮の子どもたちに日本帝国臣民の意識を植えつけるために、「韓国併合」の歴史的必然性を教える重要性を認識し、教科書の記述に最大限の注意を払っていた。

一九一〇（明治四三）年八月、日本は韓国を併合し、朝鮮民族から主権を完全に剝奪《はくだつ》した。朝鮮総督府は朝鮮人教育の権限を完全に握り、翌一九一一年に、朝鮮教育令を公布し、朝鮮人の教育は「教育ニ関スル勅語ノ旨趣ニ基キ」行われるとした。日本帝国臣民化のためには、天皇制思想の注入と日本語の教授とが基本であることを強調した。

朝鮮人の子どもが通う普通学校は就学年限は四年、教科目は、修身、国語、朝鮮語及漢文、算術、理科、唱歌、体操が開設された。教科書は「朝鮮語及漢文」を除き日本語で書かれ、日本人化のための教科が並び重要視され、朝鮮の歴史や文化は軽視され追放された。

併合初期、総督府政治は武断政治と称された。軍の機関である憲兵が文官警察を指揮下に置く憲兵警察制度がそれを象徴した。日本人教師はつねに警官と連絡をとり、官服に身をかため、帯剣して教場におもむいた（一九二〇年まで続く）。片手にサーベル、片手に教育勅語という教師の姿・あり方は、朝鮮の同化主義教育を象徴した（小沢有作『民族教育論』明治図書、一九六七年）。
一九一九年三月、朝鮮民衆が独立と自由を求める三・一独立運動が起こる。五月末までの鎮圧では、死者約七五〇〇人、被検挙者四万六〇〇〇人以上に及んだとされる。総督政治は武断政治から文化政治への転換を余儀なくされる。第二次朝鮮教育令が公布され（一九二二年）、「内鮮共学」を定める。朝鮮人と日本人の学制の差をなくすとして就学年限は六年に延長され、国史（日本史）、地理などの教科が増設された。同時に、総督府はこれを機に「朝鮮人タルノ観念」の否定に本格的に乗り出す。

その端的な事例が、なぜ朝鮮は日本に「併合」されなければならなかったのかという「韓国併合」の歴史的必然性を説く教科書の出現であった。修身の教科書でそれを紹介してみたい。

「韓国併合」後の朝鮮総督府編纂第一期修身教科書（一九一二年〜）には、忠孝や衛生などの徳目とともに、日本帝国の臣民化を促す教材が収まっている。「テンノウヘイカ」（巻一）、「祝日 大祭日」「明治天皇」（巻二）、「我が国体」「日本国民」（巻三）、「大日本帝国」（巻四）、などである。しかし、「韓国併合」を直接に扱う教材はなかった。

それが、一九一九年の三・一独立運動後の、第二期修身教科書（一九二三年〜）には、朝鮮民衆はどのような存在であり、そうであるからこそ「韓国併合」は生じたとする記述が現れる。『巻五』の「我が国（其の二）」は述べている。

「朝鮮は党派の争いがあつて一致せず……民力は大いに疲弊しました……外交にもたびたび失敗

して困難しました」「多年の弊政は全く除くことがむずかしく……朝鮮人中にも国利民福のために、日本との合併を望む者が盛んに出て来ました」。

さらに、教材の趣旨が記されている『教師用書』を見ると、「農事の改良を図った」「商工業の進歩を図った」「昔にくらべれば、人民はどれほど幸福であるか分かりません」と、植民地化によって近代化が促進されたと口頭で朝鮮の子どもたちに説明を補いなさいと述べていた。「昔は大抵道路が悪く、交通は極めて不便で、旅行には非常に難儀をしましたが、今では方々に広い平かな道路が通じたばかりではなく、陸には汽車、海には汽船が往来して、交通がまことに便利になりましたので、旅行するにも、昔の人の難儀したやうなことは夢にも知らないのです」。

「国運の発展」（巻六、六年生）の教材にも、合併は「教育・産業等あらゆる方面が発展して、国民の富もいちじるしく増加」したとの説明文がある。

これらは、朝鮮民衆は日本の政治的支配下に置かれて当然であるという心性（被支配民族として生きるモラル）を教える教材である。朝鮮人としての独立の観念を抑え込み否定するためには、朝鮮民族は自らの国を治める能力を持たず停滞し（他律性史観）、植民地化によって朝鮮は近代化が促進された（植民地近代化論）と教え込むことが必要だとの総督府の認識がここに示されている。

朝鮮人の子どもたちに、「あなた方は被支配民族として生きることが幸福である」と説く教科書が存在したこと。日本人の教師は、この教科書を使って朝鮮の子どもたちにモラルを教えた。これは深い悲しみであり、いまに生きる私たちの痛点である。

第4章　教師のモラルを考えるために

――本と人との出会い

ときに偶然に、ときには自ら選んで、尊敬すべき人やその本に接して、さらに、現実の諸問題にぶつかって思いをめぐらすことは、私にとって教師のモラルを考えることにつながっていった。この章には、いくつかの書評とエッセイを載せてみた。

〈書　評〉

田中孝彦『子どもたちの声と教育改革』（新日本出版社、二〇〇八年）

田中孝彦の『子どもたちの声と教育改革』を読んだ。第一章「浮かびあがる子ども理解と教育改革の課題」（初出は『経済』二〇〇〇年四月号）は、本書の全体をコンパクトに説明したもので、よくまとまっていた。本書全体も、読みやすかった。田中の本が読みやすいという感想は、この本に限らない。

本書は、臨床教育学の見地に立つ「教育改革」に対する批判の書である。子どもの声を聴く。この一点に著者の立場を据え、現在の教育改革がいかに教育を崩壊・解体させずにおかないかを論じている。子ども論からの教育改革批判書である。この徹底さにおいて、他に類書を見ないのではないか。私は、これを正攻法の教育改革批判と思う。

主張の核心は、国家戦略としての「教育改革」の発想は、つまり、その子ども観は、子どもの実態を否定的に断定する、という点にある。だから、「教育改革」は、秩序を要求し、管理を強化し、厳しさの復権ばかりを説くとする。

これに対し、田中は、慎重な言い回しを使っているが、子どもたちはいらだち・ムカつき・不安を蓄積しつつあるが、同時に、生きることへの根源的な問いを芽生えさせ、一緒にその問いを考えてほしいという生きる意欲を見せている、と述べている。いらだちと不安を見せる子どもたち、しかし、その内部に芽生える人間的結合への欲求の存在。この二つを同時に見抜くこと。これが田中の主張の核心である。ここに、「教育改革」の否定的な子ども観との決定的な違いがある。

田中は、生きる主体である子どもたちの内部に、生きることへの意欲と力が存在することを認めない者に、どうして「生きる力」を育てる教育を主張する資格があるのか、と強い怒りをもって教育改革推進論者を批判している。そのように読めた。

四七年教育基本法「改正」論議における田中のスタンスもまた、この主張に関係している。改正反対の論議は多くの思想的成果を生んだが、田中も独自の貢献をした。

田中は、四七年教基法の第二条にこだわった。二〇〇六年新法は、この条文をずたずたに解体したものであった。田中は、この条文の、特に「自他の敬愛と協力」の文言に焦点をあてた。田中は、この解釈を深めるために、哲学者の務台理作の「幸福の解釈」を紹介し、あるいは、自ら調査したフィンランドや北海道の檜山の高校生の人生イメージ（地域に根ざし、世界に向きあう）を重視し、同時に、自らの一九五〇年代の少年時代における「誇りの感情」（占領軍への）と「恥の感情」（在日朝鮮人への）の形成の事実を確認し、さらには、一九九七年神戸少年A事件の「生き直し」の事例を学ぶこと、等々を行った。生きることへの根源的な問いとそれを共同で考えること。四七年教基法の理念（自他の敬愛と協力）を深める新たな試みとして、重視してよい本書の特徴と思う。

私は、臨床教育学の専門家でもなく、発達論の研究者でもない。日本教育思想史・政策史をかじっているに過ぎない。だから、田中の本を上手に紹介することはできないと思っている。そこで、本書の意義を考えるために、田中が一〇年前に書いた『子どもの人間形成と教師』（新日本出版社、一九九八年）との比較を試みた。この一〇年間に田中は何を考え、何をどう深めてきたのか。それを確かめてみることにした。

おそらく、この一〇年は、読者も感じるように、どんどん社会と教育の状態は悪くなってきた。危機は深刻さを増し、貧困と格差の時代が到来したと思っているだろう。この時代の流れに田中の二つの本を位置づけてみるのである。そこから何が見えてくるか。

それは、田中が本格的に臨床教育学をやりだしたということである。子ども論を中心にして教育学を形成していこうと、いっそう強く思い定めたということであったと思う。自分もまた、教師とともに子どもの声を聴きとる一人になって現場に立ち続けようという。そうしなければ、「教育改革」に抗する教育学は形成できないという確信を深めたのではないか、ということである。

二冊を読んだ胸の底には、こうした感想が残った。

しかし、同時に「何か」が引っかかった。思い定めた臨床教育学（子どもの声を聴く）に賛意を示すが、「何か」が足りない。そんな感じがした。はたして、田中のこの方向が本当に、この危機の時代に応える教育学になっていくのかどうか。

それは端的に言えば、こんな疑問である。一九九八年本は、「人間探求家（モラリスト）としての教師」ということが書かれていた。それに対し、二〇〇八年本は、「発達援助専門職としての教師」と規定していた。人間探求家→発達援助専門職へ。この「→」の変化である。

この規定の変化は、課題がより明確になったということとも受けとれる。発達援助に徹する。発達観を深め、援助＝支援観を鍛える。こうして、教師は、子どもの声を聴く、という大切な課題に向きあっていくことができるということである。しかし、である。

一九九八年本では、教師について、たとえば、こう述べている。「教師であるかぎり失いたくないものを自己の内部で反芻し」とし、「教師は、何よりも、子どもとともに人間の生き方を探る、人間探求家（モラリスト）でなければならない」と述べている。映画監督の伊丹万作を引いて、「愚直さ」と「自然のユーモア」を「本質的な属性とする教師の姿」を論じている。教師自身が「苦しい状況に身をおいていない」とし、「なかなかおききれないという問題」があるともいっている。苦しい状況であればこそ、そして、危機的状況に向きあえばこそ、人間の属性を粘り強く執拗に探求する、そうした人間探求家としての教師であることが求められていると述べている。この叙述は、危機のなかの思索として私は共感する。

「発達援助専門職としての教師」を否定しない。田中は、ハーマンの『心的外傷と回復』を論じ、つらく忌まわしい出来事への「服喪追悼」と「伴走」という援助の底深い思想を教えている。エーリッヒ・フロムの人間における「悪の攻撃性」を指摘している。だから、「発達」と「援助」が底の浅い概念ではないことは私もわかる。「発達援助」概念は深められるべきである。

しかし、である。繰り返すが、「発達援助」が本当に「人間探求」をふところに含み込んだ豊かな概念として成立しているのか、田中臨床教育学がそのようなものとしての「発達援助専門職」を説明しているのか、どうか、なお、疑問を出しておきたいのである。

大江健三郎は、田中が紹介した伊丹万作をモラリストと評する根拠において、次のようにいっている。「しかし現実の具体的な生活のいちいちについて、かれの倫理観を逆なでする事態にであえば、勝敗はべつにして、かれはいちばん根底の具体的なところから、それに立ちむかわぬわけにはゆかないのである」(「モラリストしての伊丹万作」、『伊丹万作エッセイ集』筑摩書房、一九七一年)。

私は、この「逆なでする」、「勝敗はべつとして」、そして「立ちむかわぬわけにはゆかない」という言葉に、深く共感する。現在の「教育改革」に抗し、それを批判するには、やっぱりこうしたモラリストの思想を抜きには語れないのではないのか。新教育基本法が成立し、改訂学習指導要領と全国いっせい学力テストをつかったＰＤＣＡサイクルが学校をがんじがらめに縛り上げて、教師の倫理観（教育観）をまさに逆なでする事態がすすんでいる。勝敗はとりあえずおいて、自分の人間としての根底の所在を確認し、立ちむかう。そういう教師像が、声をひそめるかたちかもしれないが、求められているのではないのか。

発達援助専門職は、モラリストの思想を内部に豊かに保持できるか、どうか。そこが二〇〇八年本『子どもたちの声と教育改革』に問いたい私の大切な疑問であった。

田中孝彦『子ども理解と自己理解』（かもがわ出版、二〇一二年）

本書は、著者田中孝彦の思索の跡がくっきりと残る記述になっている。自分の考えを、迷いを含めて、ゆっくりとていねいに、かつ端的に表現しようと努めている。読者は、ものごとの認識はこのようにして深まっていくものか、という思索のひと時を楽しむことができるだろう。

そのように読めるのはどうしてだろうか。それはおそらく本書の書名に深くかかわっている。田中は、本書で大江健三郎の「表現された子ども」という講演を紹介する。自分の発する言葉が、現実と自分との真のかかわり合いに深く根ざして発せられているか？　そうした言葉こそ、荒廃した現実を造りかえる力をもつ。そのためには、自分の心の中に子どもをすまわせ、子どもとともに考えてみるという想像力を鍛える必要があるのではないか、と大江はいう。

子どもを理解するとは、荒廃した現実を造りかえることでもあるのだ。田中は、子ども理解のためには現実と自分との深いかかわりあいにねざす言葉を探さなければならない、と痛切に思う。子どもを知るためには、まずは、自分自身のことを現実との深い関わりにおいて問う言葉を獲得しなければならない。そうしながら、子ども理解を深めていく。だから、本書は自分の思索をゆっくり跡づけており、読後感がよいのだと思う。

田中は、二〇〇九年、親や保護者、教師をはじめ、福祉・医療など専門諸領域で働く発達援助専門職のための『子ども理解』（岩波書店）を著した。その後、インタビューや講演などの要望が増え、それに応え、それらの話をまとめたのが本書である。この過程で、田中は次のことに気がつく。すなわち、「子ども理解」を深めるということは、そうしようとするおとな自身が、子どもの頃を含めて、自分のこれまでの生活をふり返り、これからの生活に想いをめぐらせ、「自己理解」を深めようとする精神的思想的ないとなみが伴うものでなければならない、ということである。前々から考えてきたことが、ここに来て、はっきりと自覚されたということだろう。

たとえば、それはこんな風に説明される。子ども理解と自己理解を親子の愛の問題につなげて、田中は、G・スニーデルの言葉を引いていう。「この問題は実はそう簡単ではなく、少なくても男女の愛と同じように複雑な難しさを内包している」。読者は、自分の体験にてらして「心当たり」を見つけ、子どもを理解する深さと難しさに「なるほど」と納得するのではないだろうか。

田中は、子ども理解とはどういうことかにこだわり続けてきた。それは、不思議なほど、今の教育学研究の世界は、子どもを理解するという問題に関心が向かわないからであった。教育学研究の現状への批判意識に支えられて、本書は成った。田中は率直に目の前の教育学研究の世界への批判を表明する。

最近の日本の教育研究は、これまでの民間の教育が担ってきた実践と研究の蓄積への敬意と関心を払わず、「新しい装い」の議論ばかりをしようとの傾向が強まっている。現実に生きる子どもたちの具体的で本格的な研究への関心が薄らいでおり、その意味で、いまの教育研究は「子どもからの逃走」とも言うべき状況に陥っている。田中の現状批判は痛烈である。

田中自身は、戦後教育学における子ども理解の思想と実践（勝田守一や大田堯の教育学、あるいは生活綴方教育実践など）こそ、貴重な蓄積ととらえ、自らの足場をそこにおき、子ども研究を軸とした新たな教育学の構築をすすめようとしてきた。

その一つの例が、堀尾輝久の教育学との出会いを語る章である。子どもへの関心の質を問うすぐれた理論であると堀尾を紹介し、その継承の必要性を手にとるように示している。私自身、「そうか、このようにして堀尾は読めるのか」と教えられたりした。

もちろん、本書は、堀尾の継承だけにとどまっていない。堀尾に残された課題（不十分性）を指摘する。それは何か。子どもが成長の過程で瞬間的に見せる本質的な姿、つまりそれは教育実践の本質が瞬間的に現れる場面のことであるが、その子どもと教育実践の一瞬の本質をいかに叙述するのかという研究方法が、堀尾には未だ不十分であったということだ。あの一瞬に見せる子どもの輝き。子どもの言動（内面の危機）を見逃さない、瞬時に求められる教師の対応と判断。日々に展開される、そうした教育実践の本質をいかに普遍化させて学問的作品として仕上げて叙述するか、という問題であった。

こうして、田中は、子ども研究の具体化をめざし、臨床教育学の必要を考える。本書は、日本臨床教育学会の発足（二〇一一年）に至る田中の想いが語られる。田中は一途であった。

大田堯『命のきずな』（偕成社、一九九八年）

「教育とは何か」を問いつづけてきた大田堯《たかし》。大田自身の戦争体験を語るこの「わかれ道」（『命のきずな』に所収）は、「教育とは何か」になぜこだわり続けてきたのか、その理由を知ることができる重要な文書である。

大田は、無意識の層に刻印された「一兵士としての戦争体験」こそ、教育とは何かにこだわり続けてきた自分自身の生涯における「隠された転機」であったと語っている（『大田堯自撰集1』藤原書店、二〇一三年、「総序」）。大田は、なぜ戦争体験にこだわったのか、どのように軍隊と戦場体験を語ったのか。これを解けば、大田堯の「教育とは何か」のこだわりの核心が見えてくる。

大田は、「わかれ道」を「苦しまぎれに書いた」と述べている。「A君」の「自分の生きる道をどう選ぶのか」という問いに答えるためには、「やっぱり捨て身」覚悟で、「もっと切実に自分をまないたにのせ」なければならないと思ったと述べている（「中野光氏との対談」、『かすかな光へ歩む　生きることと学ぶこと』一ッ橋書房、二〇一一年)。「なぜ、勉強するのですか」。A君の手紙に応えるためには、大田は自らの戦争体験を語る以外にない、と心を決めたのだろう。

「わかれ道」より二〇年前、大田は、一度、自らの戦争体験に踏み込んだ語りを試みている(「戦後の教育と教育学(1)~(10)」、『教育』一九七九年八月~一九八〇年五月)。大田は、この時、人間というものは、なかなか真実を語り尽くせないとし、何を語るかという選択そのものに虚偽が入ることもあると述べている。戦争体験を語る難しさを意識していたのだと思う。この「戦後の教育と教育学」の語りと「わかれ道」の語りとどこがどう違っているのか、この比較は面白いのではないか。真実を語り尽くせなかった問題があったに違いない。心残りがあった。あいまいさをなくし、正直に真実に近づく努力を行わなければならない。どうしても認識を深めておかなければならなかった。大田は「わかれ道」で再度、それに挑戦したのだと思う。あきらかに、「慰安所」の存在に触れるなど戦争体験の認識は深まっており、自分自身の生き方に対する批判はきびしさを増していた。

「わかれ道」は、大きく二つのことが書かれている。兵営の中の軍隊体験とインドネシアのスラウェシ島(当時はセレベス島)における、椰子《やし》林の中の戦場体験。

戦争は、人間の肉体だけでなく、魂の圧殺行為をも意味する。大田は、軍隊組織の非人間性をきびしく告発する。同時に、軍隊における魂の圧殺は、一般の人々の日常不断の教育の中にもあったと認識を深めていく。戦闘集団(軍隊)における教育の在り方と国家が国民を大戦争に追い立てた人民教化のための教育とは根を同じくしている、という結論に到達している。

椰子林の戦場体験は、農民兵の生き様を見せつけられて、自らの（特権的な）教養の限界を、屈辱感を伴って知ることになる。そして、農民兵の内に、「せっぱつまった厳しい生活の中で、喜びよりもむしろ悲しみのなかを生き抜きながら身につけた知恵」を見抜いていく。教養というものの真の発見。大学で培った教養＝教育への関心は、民心を戦争へとさし向けた教育の考え方と少しも違いはないのではないか、と自分を「戦争への共犯者」ときびしく問いつめていく。こうした諸々の思索一つひとつが興味深い。

最後に。大田の戦争体験の語りで必ずしも十分に見えてこない問題があるのではないか。それは、セレベス島の住民にとって自分達（＝日本軍）はいったい何者であったのか、という問いである。大田の戦争体験の語りは、この「問い」とどのように結びあうのか。この「問い」は、教育とは何かをいかに深めることになるのだろうか。ここはじっくり考えてみたい、私たち自身の課題である。

『直指人心　北田耕也先生追悼集』（北田耕也先生追悼集編集委員会、二〇二〇年）

本書は、二〇一九年三月に亡くなった北田耕也の追悼集である。享年九〇。北田は、一九五四年に国土社に入社、『教育』編集事務に専任する（編集長は勝田守一ほか）。その後、東洋大学に赴任、明治大学で退職（一九九九年）。一九六三年八月より『教育』編集長（六四年一二月まで）を務める。専門は社会教育・民衆文化。

『直指人心』は、「じきしにんしん」と読む。北田が親しんだ禅の言葉。一人ひとりの存在の奥底にある、まことの心に触れることの意。前半は北田を悼む人びとの回想（座談を含む）であり、後半は北田自身の著作（これまでの書物から漏れた時評・随想など）から成る。写真もほどよく載り、北田を知る人は懐かしむだろう。年譜と文献目録も充実している。私は本書を読んで北田の人柄と研究に心を動かされた。北田の仕事に関心が薄かった（知らなかった）ことを後悔し、すぐに彼の著作をほとんど揃えた（『大衆文化を超えて』『近代日本少年少女感情史考』『姉弟私記』など一三冊）。

北田の魅力は、追悼文が語るように民衆文化にたいする深い洞察にあった。民衆（あるいは「民間」「習俗」）の研究といえば大田堯や中内敏夫を思い起こすが、北田の民衆への眼差しの特徴は何か。今後ゆっくり突きつめてみたいが、北田のそれは大田堯と比べ民衆における「闇」や「悪」へのこだわりの強さであり、中内敏夫と比べ民衆における「抵抗」や「叛逆《はんぎやく》」へのより明確な確信であったと感じられる。

文化（音楽や文学など）をこよなく愛した点では山住正己と共通するが、北田の文化への関心はとくに民衆の文化と暮らしの中で育つ感情面への徹底さにおいて際立っていたように思う（少年少女の「健気さ」への注目）。

勝田守一や堀尾輝久の教育論（教育の自律性）に学び民衆の学習権論を展開するが、「文化の自律性」を擁護しつつ、文化の側から政治的変革を促すすじ道をつけようとした点で、その政治性において勝田や堀尾にひけをとらない。私は『直指人心』を読んで、そのような推理に遊べて楽しめた。

本書には北田の最終講義「ことばに拠って――来し方・行く末」が載っている（本人が定年を間違って一年前に行ってしまったもの）。私はこのような内容の最終講義を他に知らない。「人間は四十になるまでは待ってやるべきだ」（彫刻家のロダン）という言葉を引いて、自らの東洋大学時代（一九五九年～）の「迷い」をふり返っている。「こんなことを書いていいのかな、こんなつまらんことで人から笑われはしないだろうか」という、論文執筆中にこみ上げてくる「恐れ」にたいし、「まちがったならば一人の恥」（福沢諭吉）を知り、「まちがったって俺一人が恥をかきゃいい」だけなんだと思い直し、また決心を新たにして筆を進めてきた自分を語る。

「自分のことばっかり気にして生きておりましたから、母や姉のことはすっかり忘れて、壮年期を過ごして、結局、非常に貧しいままに二人を死なせてしまったんですけど、いまになってね、しみじみとそういう自分の過去っていうものが悔やまれてならない気持ちがいたします」。北田は自分の過去の過ちを隠さず、そうして自分にある誓いを言い渡して生きてきた。「人間はその負える罪のゆえに、創造的であるほかないのだ」（イタリアの教育家・モンテッソーリ）。「もういっぺん新しくやり直す」。北田の人生はそんなふうであった。どこかおかしくて清々しい自己の語り。

楠原彰の北田への回想が印象に残る。「北田の表現には人間の普遍的な深淵というか、人間の内面に広がる闇というか、そういう世界に引き込んでいく何かがある」「多くの研究者の言説に触れても、そういう気持ちになることは稀なことだった」。

民衆の感性的基盤（民衆の闇と善へのあこがれ）に根づかなければ、思想は現実を変える力にはならない。北田が民衆文化にこだわったその思想的核心はここにあった。

「凡百の議論よりも、みずから民衆の一人となることを――そう決心を決めて、よくよく自分を見つめてみれば、ほかでもないこの自分が嫌悪すべき支配的状況の構成要素となっているということ、裏返して言えば、自分の内なる支配的状況があらためてよく見えて(くる)」。思想が生きた思想として人を動かす。私は自分の生き方を整理する力を北田に学んだ。

本当に残念だが、酒席で一緒になる機会はなかった。

梯久美子『原民喜――死と愛と孤独の肖像』(岩波新書、二〇一八年)

原爆文学の代表作、「夏の花」(一九四七年)を書いた原民喜。最愛の妻貞恵を一九四四年九月に病で喪う。「一つの生涯は既に終わっていた」原は、故郷広島に戻り、被爆し、この有様を伝えないうちには死ぬわけにはいかなくなり、生き延びて仕事を続ける。一九五一年三月、東京吉祥寺駅付近の線路上に身を横たえ自死する(享年四六)。

何度か本を伏せては、原の生き方に思いを寄せてみる。簡単には読み終わることができなかった。原民喜の死と愛と孤独を描いた本書は、大きな震災(3・11東日本大震災)を経て、悲しみを十分悲しみ尽くさず、嘆きを置き去りにして前に進もうとしてしまう結果、そうした世相が人々の精神にある空洞を生みだしてしまったのではないのか、と「悲しみの空洞」を問うている。

人々の悲しみをともに悲しみ、苦痛やみじめさを引き受けようとした。原は、過酷な運命を「生ききった」という。

ヒステリックなまでに戦時色が強まった一九四四年、原が書いた小品は、どれも声高にならず平易な文章で庶民の慎ましい日常を描いていた。戦争に対する原の静かな抵抗であったろう。「夏の花」はこうして生まれたのだと思う。

田中孝彦、田中昌弥、杉浦正幸、堀尾輝久編『戦後教育学の再検討』（東京大学出版会、二〇二二年）

上下二冊の本書を読み終わって私が感じたことは、「戦後教育学」という用語をもうしばらく使ってみよう、ということであった。戦後教育学にこだわり、その意義を確認しそれを継承することに努力を傾注する、その姿勢を崩さない自分自身への念押しであった。

一九八〇年代の後半以降、戦後教育学は規範ばかりを論じ現実を分析することができないなど、その言い方はさまざまであったが多くの批判に晒《さら》され続けてきた。時には、ずいぶんと乱暴な議論もあったかと思う。こうした批判にどのように応えればよいのか。実りある応答（論争の作法）はどうあるべきか。本書はそれに誠実に対応できていた。

戦後教育学をどう再検討するのか。上巻は「歴史・発達・人権」、下巻は「教養・平和・未来」。

編者四名を含め執筆者は三〇名。やや控えめな書名であるが、執筆者はそれぞれの専門分野に即して、意欲的に戦後教育学の再検討に向きあった。

一つの約束があった。堀尾輝久教育学を念頭に置くことをゆるやかな前提にすること。国民の学習権論と子どもの発達教育学が堀尾教育学の中核であったが、戦後教育学への批判はまさにここに集中していた。堀尾教育学を戦後教育学に代表させる意味はここにあった。ただし、堀尾批判に直接応えることが主な目的というよりは（執筆者によって堀尾批判の受けとめ方は違う）、それを含めて堀尾教育学を（中心に）戦後教育と教育学の展開の現実的文脈に位置づけて、その意義を思想史的に理論史的に明らかにするというねらいで各論文は執筆されていた。実りある応答を意識した企てだと思う。

私は、堀尾教育学はなぜ自分を惹きつけたのか、執筆者がそれぞれの研究歴や実践史に即して、各自の生き方における理論的なリアリティと切実性を浮き上がらせようとしたことを評価したい。自己のなかの「思想的契機」を欠いてはじめられる学問史は、とくに思想史研究はその名に値するとは思えない。戦後教育学の再検討とは、とくにそうした方法的自覚が求められたのだろう。

堀尾はつねづね「教育を歴史的に構造的に明らかにしたい」と述べていた。本書は、この「歴史と構造」に応えるようにして、「歴史把握と教育」「子ども観と発達観」「人権としての教育」「教養と文化」「戦争と平和と教育」「教育学のこれから」の六部の構成からなり、さらに、堀尾へのインタビューを行う「座談会　戦後教育学の再検討」を置いた。座談会は、堀尾が率直に戦後教育学批判への自らの反論を語っており興味深い。堀尾は、自らへの批判について「どれも胸にこたえる批判ではない」と感じていたのか、誤解や無理解による批判と受けとめ、これまで積極的な反論を試みなかった（意欲がわかなかった）と思われる。今回、堀尾はインタビューに応じ、批判にていねいに応じている。

「近代主義者」としての堀尾。親の教育権と教師の教育権限が予定調和するかのような堀尾の「国民の教育権論」（私事の組織化としての公教育論）。それは、教師の権力性と親の新自由主義的な教育要求にたいする認識の甘さという批判であった。さらに、堀尾の「子どもの発達論や子ども期の発見」の強調は、子どもを社会から「囲い込む」発想であり、教育的価値がかえって教育学を孤立させ諸学問との交流を塞ぐという批判など。

「近代主義者」という批判に対し堀尾は、近代を評価する理由はなにより憲法・教育基本法を支える思想の探究という現実的要請からであったとし、近代には「人間解放の視点」（人権の視点、子どもの権利の視点）が色濃く存在し、その思想の継承に確信を得るためであったと述べ、それが理解されるならば近代主義者という言い方を甘んじて受けるとする。最初に近代主義者と批判した当時の社会主義を志向する人々には、社会主義思想に本来あるべき人間解放や人権思想の視点がむしろ弱かったのではなかったか。現実の社会主義を見れば、そこで欠落していたのは人権、個人の尊厳、子どもの権利であったことが明白となった現在、堀尾がはたした「近代の評価」は重大な貢献であった。堀尾の他の反論も歴史的な現実的な文脈にそくして応えており、説得的である。

理論形成に批判は不可欠だが、私は堀尾批判が起こるおもだった原因が気になる。自らの立ち位置の明示や対抗的展望は示し得ていたのか。海外からの言説分析に終始しがちで、歴史分析・政策分析は不十分だったのではないか。結果的に、新自由主義に親和的ではなかったか（国家の教育統制の容認・追認）。研究者自身の側の危機感も考えられる。「社会批判」ではなく、政策実現という「社会貢献」こそ研究業績が評価されるという拘束観（業績主義）はなかったか。私は、現実に向き合い積み上げてきた戦後教育学の「遺産」にしっかり学び再創造を試みる「継承力」の必要性を感じる。編者の一人は、異世代が困難な「同時代のこと」に共同して取り組む、これまでにない「異世代共同」を説いていた。

なるほどこのようにして理論は形成されてきたのか。批判と創造の過程。本書の最大の特徴はこの点の意識的追求であった。ここでは、二点ほど述べてみたい。

第一。丸山眞男―勝田守一―堀尾輝久という「戦後教育学の理念空間」という指摘は印象深い。三者の「内面世界」（戦後教育学の通奏低音）はいまなお解明されていない学的空間であった。これは先の「近代の評価」と深く関連する。戦時下、「近代の超克」（近代的精神を現代諸悪の根源とする言辞）というファシズムの「世界史的使命」（京都学派）に無残に屈服した日本の教育思想を、戦後、どのようにして立ちなおらせるのか。戦後における丸山と勝田が見せた「近代的思惟」の実際を堀尾はいかに継承したのか。まずは、この点の解明の意義を論じたことは注目される。

大田堯と勝田守一の「近代の教育価値をどううけとめるか」（一九六一年）は、「教育が人権の一部として自覚されるようになった」ことを執拗に問いつめた。これが、堀尾における人権概念の教育学的組み直し＝再定位に結びつき、公教育の歴史的構造的把握に結実した（市民社会と教育の三重構造）。理論のダイナミズムを教えている。

第二。堀尾は、博士論文「現代教育の思想と構造」（一九六一年）に至るまで、主として政治学的手法を駆使して、近代公教育の特質を理念的原理的に考察した。その後、発達論、子ども研究にシフトしていく。元々の人間学的関心を深化させ、教育権論を発達論的に埋める探究に向かった。子どもの権利は発達的にとらえてこそ正しく教育的に意味づけられる、あるいは、子どもの発達は権利論的に位置づけてこそ現代的現実的意味を持つ。堀尾の発達と子ども研究は、教育的でありながら同時に権利論的であった（汐見稔幸「ニヒリズムからの脱却の試みと堀尾教育人間学」、『日本の教育人間学』玉川大学出版部、一九九九年）。それ故に、高い政治性を備え、より良き教育制度構築への政治的構想力を生みだすことができた。本書はさまざまにそれを実証している。

一九七一年に日教組の教育制度検討委員会によって定められた「国民の学習権」論は、ユネスコ学習権宣言（一九八五年）より一四年早く、教育権を現代的に再定義する論理を示していた。アングロサクソン系諸国を中心に、財産権優位の人権秩序を再構築する動きがある中で、それと正対する理論的対抗軸こそ日本の子ども固有の権利論であった。子どもの発達に関する科学的知見の上になる「子どもの権利」論は国際的に見ても高い水準を示している。

最後に要望を述べたい。丸山眞男は、「あの破壊的な戦争に駆りたてた内的な要因は何であったのか?」の究明こそ、戦後社会科学すべての分野における「学問的出発点」であったと述べている。戦後教育学が、戦争の後の教育学はいかにあるべきかを自覚する人々によって使用され形成されてきた概念なのであれば、丸山の問いは当然に共有されていたはずである。「戦争に駆りたてた内的な要因」の究明を戦後教育学はいかに行ってきたのか。なぜ、教育学は戦争に荷担してしまったのか。勝田守一は、「教育的価値」(「教育の概念と教育学」一九五八年)の不在においてその「内的な要因」を明らかにしようとしたのではなかったか。戦後教育学の発展はじつは戦後を生き延びた人々の内面における「戦争体験の思想化」においてその深度が決まってくる。戦後教育学の再検討に、ぜひ、この点を加えていただきたい。

堀尾輝久『地球時代の教養と学力』(かもがわ出版、二〇〇五年)

本書は、著者ならではの「国際感覚」が遺憾なく生かされている。ケープタウンで、中国の河北大学で、メキシコのモレリアで、フランスのパリで、というふうに著者は求めに応じて地球時代とは何かを語り、教養と学力を論じてきた。語り口は明快、その立場は高く理想的、現実批判は厳しい。

あれこれの知識はあっても、それはカプセルに閉じられた知であり、知ることがわかる喜びにつながらず、新しい問いを問い続ける力になるような学力が身についていない。著者は、学力形成のこの難問を、現代を地球時代ととらえることで、その原因と展望を、あらたな大きなステージで問い直す。

地球時代の入り口は一九四五年。日本の戦後史もその視点から世界史的にみる必要を説く。その定義は、地球上に存在するすべてのものが一つの運命的な絆によって結ばれているという感覚、だとする。著者は、その感覚にふさわしい教養と学力のあり方を探る。世の東西に、あるいは諸科学の世界に。

その語りから、明日の教育実践（総合学習）のヒントをいくつも得ることができよう。過去の日本の戦争責任問題、バナナ・エビ輸入にみる東南アジアの環境破壊問題、海洋汚染問題、子どもの権利と人権思想（未来世代の権利宣言）、共生と平和の思想、などなど。

地域の具体的問題を軽視して地球時代を主張する空疎さにも、著者は注意をうながす。長野県で語る講演は印象深い。碌山美術館の荻原碌山、別所温泉にある山本宣治の記念碑、山本鼎の版画運動、信濃デッサン館の村山槐多など、地域が残す遺産への敬意。

あえて、一つだけ要望を。それは、人間の「痛覚」についてである。アジア侵略加害を背負う日本人の、あるいは攻撃的な自己中心主義に悩む若者の、胸奥くにある痛覚の、その「可能性」への言及である。一つの絆でつながれているという地球時代的感覚を見据えるためにも。

藤森毅『教育の新しい探究――今こそまともなルールを』（新日本出版社、二〇〇九年）

著者は、本書で、日本の教育制度は相当におかしい、と述べている。ヨーロッパの常識からみて、際立った異常に驚かざるを得ない、と率直に書いている。

たとえば、夕方には一家全員がそろうデンマーク。子どもの大半がかよう公立高校は無償、大学は入学金も授業料もなく、学費を理由にあきらめる若者はいない。国民学校七年生まで点数のつくテストは使用させない。こうした事実を知ると、こんなにも違うものかと、つい深いため息が漏れてしまう。

これとくらべ、日本はどうか。著者は、その「異常さ」を次々と指摘していく。教育を商品であるととらえ、世界一高い学費を支払わせるおかしさ、教育勅語をお手本とする自民党の道徳教育論の主張、一般企業の二・五倍のうつ傾向の自覚症状を訴える教員世界の驚くべき事実、戦争目的をアジアの解放と教えるこれが「新しい歴史教科書」なのだとする復古主義、などなど。これでは日本は世界から孤立してしまうと感じ、まともなルールが必要なんだと、誰もが思うことだろう。

本書は、いま焦眉の課題である貧困問題や学力の形成など、教育の基本問題について、一つひとつ事実を示しながら、ていねいに分かりやすく述べている。教育は複雑でさまざまな問題を考えに入れる必要があるが、本書は「注意を全体に注ぐ」目配りがよくできている。

現実批判はきびしいが、教育に悩み苦しんでいる人びとに語りかけるその語り口は温かい。「いま学校がなんとか成りたっているのは、子どもへの愛情によって歯をくいしばって奮闘する教職員たちがいればこそです」。教育は一党一派のものではない、みんなのものである、という確信があるからだろう。

つい最近の、『教育学』と名のつく書物は、グローバル化とポストモダン論（近代批判）の隆盛によって、思考の原点がふらつき、普遍的な価値を教育学的基礎におくことができなくなった、と述べている。教育の現実が危機的であることは間違いない。しかし、普遍的な価値を見失えば、異常な現実を「おかしい」と感じ、批判することはますます困難となる。異常な事態を異常と認識できなければ混迷はさらに深まる。大切なことは、危機の様相を見据えつつも、おかしいものはおかしい、と指摘できる教育的価値へのゆるぎない確信と探究ではないだろうか。本書は、「教育の新しい探究」によって、日本の教育の「異常さ」を的確に指摘している。

〈エッセイ〉

教育学と私

私は、東京都立大学大学院修士課程一年の時（一九八〇年）、山住正己先生のゼミに所属し、「教育学と私」という文章を記した。ゼミに所属する院生全員が同じテーマで書いてゼミ文集『教育学と私』を作った。大学院生が、それぞれ自分がなぜ教育学を志そうとしたのか、その気持ちをそれぞれに綴ったものであった。以下の1～4は私の文章のその再録である。

1　基本的人権と公共の福祉――「デモ」への参加を通して

大学一年のとき（北海道教育大学札幌分校）、学内では筑波大学法案（一九七三年九月に成立）をめぐるとりくみを中心に「デモ」がよく提起され行われた。大学に入るまで政治にはほとんど関心をもたず、もてなかった僕は、再三のデモへの呼びかけに閉口状態だった。渋々の二回目のデモ参加の時、自分にとって一つの事件が起きた。長い集会の後、やっと恒例のデモに移った。直後、最後方の警察のパトカーから挑発的敵対的とも言える調子での警告が告げられた。デモ行進の時間はすでに超過しており、我々のデモは法令違反であり、直ちに解散し、責任者は出頭せよとのこと。警告は何度もくり返された。直後のデモ隊は動揺を隠しきれなかった。三列行進の真ん中は女性だったが、僕と腕を組んでいた髪の毛の長い女子学生は「このデモは違法ではないの？」と不安げに我々男性に尋ねてきた。もちろん僕は答えようもなく、そして、不安な気持ちは彼女と同じだった。片側の先輩格の男性は「いやこれは力関係だ」と答えた。以後我々はシュプレヒコールをくり返し、先頭についていくだけだった。緊張の中、デモは最後まで続けられたが、混乱は生じなかった。

なぜ「デモ」をするのか。そしてその主張をどうしてデモ等というもので表現しようというのか。道路を占拠し、交通を止めてまで。急いでいるのか、不愉快そうな、あるいは怒ったような顔でデモの列をかけ抜けていく人のことがやけに気にかかる。そして、今度は、法令・条例違反という決定的な社会的政治的裁断をうける。正しいかどうかの判断を、その時々の「力関係」にまかせるわけにはいかない。彼女に答えられなかった口惜しさもあるが、この矛盾はほっとけそうになかった。

教育行政学（浦野東洋一先生）のゼミで基本的人権を勉強していたおり、渡辺洋三の本を二・三冊気のおもむくまま買いもとめていた。そこで当日、下宿に帰って早速関連あるテーマがあるものかと本をめくってみた。あった。今はその本が手元にないので正確には書けないのだが、おそらく次のような主張に感動し、震え、握りこぶしを膝にのせたのだと思う。

デモンストレーションは、現代的人権の一つである。思想の発表の自由は基本的人権の一つであり、発表のための資金をもっていない勤労者・学生は集団的行動を通し自らの主張を訴えることができる。そのための集会場・道路の一部占拠はやむを得ない。警察はデモがすみやかに進行するよう助力すべきであり、規制を加える筋合いではない。騒乱の恐れは、大鵬の優勝パレードの方がはるかにあって、一つの目的をもって整然と行進するデモはかえって安全と言える。公共の福祉は、基本的人権を抑え込む論理に利用されてきた。しかし、それは個人の基本的人権と矛盾するものではなく、その延長上に位置するものである（私は、渡辺洋三「基本的人権と現代国家」『憲法問題の考え方』東京大学出版会、一九六七年、を読んで、当時、このように思った）。

この事件は僕には不思議な経験に思われた。毎回のデモの誘いの時の返答のもどかしさやデモそのものを行使する主体の正当性への不安という現実に生きて味わった疑問が、勉強によって、学術的論文とも言えるものによって解決できたこと。これは高校までの勉強そのものではどうしても経験できなかったことだった。およそ自分を見つめ、ハッとさせられるという経験は、勉強とは関わりのないものと思っていたものだった。ただそれに近いことは現代国語と漢文の授業にあったが、それでも「尊大なる自尊心・臆病なる虚栄心」（中島敦『山月記』）、「日暮途遠」（『史記』）といった一節の自嘲的な一時の安堵に自分を見たに過ぎなかった。自分への問いは内面への叱咤激励と自己嫌悪の堂々めぐりであった。しかし、この時、渡辺の論文に接して、自分を外界との、つまり社会や歴史との関連で説明し、しかも論理性がしっかりしていることにすっかり驚いてしまった。胸にストンと落ちたのである。自分をすっきりと、しかも論理的に説明できるということは喜びだったし、自分としては切実である問題をくぐり抜けたという意味でも感動は強かったように思う。

以後、先輩から学問とは何か、実践とは何かと問われるたびに、この経験はそれに僕なりに答えを用意できる一つの象徴的な事件となった。そしてデモはその後も行われたのだが、しばらくは勇んで出かけられるようになった。

2　農業農民問題と学習会活動――サークル「僻研」活動を通して

大学に入って、率直に感動を受けたのは、集団をつくって活動している学生達の姿である。実に生き生きと目に映ってきた。「自分もあの中で何かをしたい」。眠っていた、眠り込まされていた人間への、友への興味が泡の如く浮き上がってきた。それは何度も何度もかかって「自分は偽善なのだ」と納得させようとした努力とはきわめて対照的な素直さだった。気持ちが柔らかくなっていくようだった。声をかけられるのを楽しみにしていた。

サークルは「僻地《へきち》教育研究会」に入った。訪問・研究対象地は大雪山山系の一角、戦後開拓農村トムラウシである。現在は酪農地帯である。「僻研」には歴史がある。地域の学校教育（僻地教育、複式・複々式授業）から出発し、地域の崩壊、相次ぐ離農を目のあたりに見て、研究の対象を地域総体へと移してきた。

訪問地での第一の活動は、農家への調査訪問である。援農であり、会食であり、会飲である。これは各サークル会員のかなりの精神的負担であり、また喜びでもあった。会員はどれだけ詳しく大切であることを聞き出すかに神経をとがらす。農家の方は概して話し好きで、またよく飲む。調子づいて意気投合、調査そっちのけのサークル会員も出てくる。僕もどちらかというと調子づく方だった。

第二の活動は学習会である。テーマは、「乳価決定のメカニズム」「総合農政」「酪農の自主改革のとりくみ」であった。学生の作成したレポートを中心に、青年、教師、農民、学生の四者の話しあいであった。全国各地で展開された農民運動・住民運動の成果を通して考え出されたものだった。学習活動は運動の重要な構成要素であり、不可欠なものであった。運動を支える大きな力であったのだ。我々学生は調査活動を中心にしつつ自分たちでできる学習活動はあるに違いないと考えた。視点は最初、農民の政治意識の形成におかれた。しかし、回を重ねて農民が生産の主体として農業を支え、地域の主人公となっていく、その過程で政治的教養を培うという視点に移り、話しあいはもたれてきた。学習会はまた教師の地域における役割を考えてみる場でもあった。

「これまで考えなかったが、俺たちは最底辺で頑張っているのだな」（青年）、「あまりに差別され不利な立場だ」（農民）、「牛飼いをこのままやっていけるのだろうか」（青年）、「成功例をもっと調べてきてほしい」（校長）、「いっしょにやって行こう」（教師）、「無学ではいけない」（青年）、「勉強しなくては」（青年）。

青年の大変に謙虚なものの言い方も手伝って、学習の大切さ、切実さはサークル会員の総括における一致した点となった。そして、この現実から我々学生は自分たちの勉強における態度はどうあるべきかを論じた。

サークルの活動で考えさせられたこと。それは農家の人たちが日々生活している、避けて通ることのできない問題を問題としてつかみ、学習を通して改善していこうとする姿であった。生活に密着した学習意欲であった。それは「学ぶ」ことの本当の意味を問うという新鮮な問題提起であった。デモの経験も確かに現実につなげた勉強であったが、日常的な問題ではなかった。避けて通ってもかまわないともいえた。しかし、農業農民問題は深刻で、生き続けていくことの根本的な問いかけであった。そういう意味で、「学ぶことの人間にとっての意味」をリアルに教えてくれたのが、サークル僻研の活動であったように思う。

3　大学の自治と学生のストライキ権――学生大会でのスト決行の決議

大学四年の時、その年、大量の教員採用試験の未登録者が出た（教員養成系大学で学ぶ学生にとってこの問題は死活的な意味をおびた）。自治会は学生大会での決議事項の一つに一日の大学全体のストライキ決行（講義の中止・ボイコット）を掲げた。以前にもストライキ決議はなされていたが（この話は先輩からよく聞いていた）、その時、はじめて、ストライキを行うことに反対する決議案が、つまり、執行部に反対する決議案が対抗的に出された。

これは「権利」をめぐる考え方の違いと対立、論争状況の社会的縮図が我々大学にも現れたものだったと言えるだろう。卒業論文で、「教育の自由」について勉強しようと思っていたときだけに、何らかの自分なりの結論は出すべきだろうと思った。

学生のストライキは僕も含め多くの学生（特に新入生など）が疑問に感じるものの一つだろう。学生の本分は学業なのだし、講義をボイコットすることはどうも腑に落ちない。「ストライキをするよりも講義を受けるべきだ。ストライキはかえって個人の教育を受ける権利の侵害ではないか。第一、たいして学生が集まっていない講義をボイコットしても効果はないし、意味はなかろう」。執行部反対の決議の理由はここにあった。

では、学生にはストライキ権はないのか。労働者のストライキとは質的に違ってこよう。本分が学業なら、それをボイコットするストライキはいけないだろう。ではボイコットの意味ではないストライキは成立するだろうか。

たとえば、ストライキが決行されたとする。当日、各学科の学生運営委員会は学科生を大学に集める。そして自主的に文教政策や教育現場の実態（教師の多忙化や多人数学級など）を学習する。教育行政の専門教員を招いてシンポジウムを開いてもよい。サークルやクラブでもそれぞれ可能な視点から教員採用未登録問題を話しあう。そうしてそれらを全学の意志に結集させていく。

これは学生による新しい学習の場の設定であり、学業のボイコットどころか自主的で責任ある学習形態の一つをつくり出すものである。ただし、そのためには、学生の運営委員会を中心とする大いなる連絡体制と準備が必要になってくる。これを厭わしく思ってぞんざいに済ますと、ストライキはボイコット的要素が顔を出してくる。「ボイコット論」は「怠慢の論理」と背中合わせなのだと思う。

そもそも学業の一つ、「憲法（法学）」の講義は、ストライキ権・大学の自治は大事なテーマになっているはずだ。大学という教育機関は講義をも含め、ゼミやサークル・クラブの自主的活動をもその重要な教育形態としているだろう。学生は教育を受ける受け手にとどまりえない学習の主体者であり、おのずとそこには自らの自由を合理的に行使できる権利をもっている。学生は講義を放棄すべきではないと、それのみにかたくなになることは、それこそまじめに講義を大切にし、自らの思想形成を促すものとする態度の正反対になるように思われる。それは結局、講義（学業）そのものを手軽くみるものとして評価されなくもないと思うのだが。

ストライキの行使は、我々学生に諸条件の変化によっては物事の本質は正反対のものに転化しうるという弁証法的運動の視点が大切であることを教えたように思われる。権利の主張は、その権利者に実は自己成長のための重い課題を背負うことを運命づけているのであり、その宿命を主体的に受けとめていくかどうかの二者択一を事の根本性においては要求しているのだろうと思う。だからといっていつも「まなじりを決して」いる必要はないのだし、集会時に、合唱（歌声や演劇）や愉快で楽しいおしゃべりのような話しあいは権利主体形成の条件になるだろうことは、自らの体験の教えるところでもある。

4　教育学と教育行政学——一つの学問発展のジグザグを追体験して

大学の四年間は教育学そのものというよりは、「政治や法律」に近い本を読む機会が多かった。

教育に関する体系だった大きな書物はあまり読まなかった。そういうわけで、自分が日々関わってきた事柄のうち、比較的教育学に近い書物によって考えさせられてきた特徴的なことを書いてきた。ただ、広くとらえたところの教育学によって、自分の生き方や考え方に矛盾が生じ、あらためられてきたことの確認はできるように思う。高校までの勉強は、とりわけ高校のそれは、非常に苦痛であったし、また苦痛は当然なものと思っていた。そして大学に入ってゼミやサークルが行う学習によって、「今までのは本当の勉強ではないのではないか」という確信はもてた。もし、三年早く大学でのゼミのような学習ができたなら、少なくとも今よりましな自分ができていたかと思うと、自分の大事な青春の一部を茶番に化したものへの怒りは十分に蓄積された。

しかし、今一歩、今度は、では「本当の勉強とは何か」となると、その答えを出す自信はなかった。それだけの勉強をしたとはとても思えなかった。それは「専門性」が要求する厳しさにぶつかっていくなかで痛感させられることになった。大学院の入試でまざまざと思い知らされた。先《ま》ずは語学。そして、教育行政学一つとっても幾種類もの体系だった書物群にそれぞれの論者たちの専門性に依拠した権威なるものを見せつけられてしまったのだった。

話は少し横にそれる。大学院の受験勉強中、教員養成大学のカリキュラム改革について、酒席で友人と論争をしたことがある。「現場教師をもっと招き、各教科の教育学（教科教育法）を充実させなくてはならない」と教師となった友人が主張した。もっともな主張と思ったが、僕はややあまのじゃくな気質もあって、それにすぐに同意せず、別の考えを述べた。

「勉強は、高校時代の教科書のような、はじめから解決済みの問題を丁寧に暗記すればよいという印象を与えては失敗なのだと思う。論争は今も続くし、一つの結論に行きつく過程では理論的なジグザクな過程があって、それに根拠づけられて自分自身の考えを述べてみることも必要なのではないのか。

そういうものが勉強だし、学問の発展もそうしたものだろう。小さな分野でもいい、教師が科学者と言われ、未来の教師たらんとするならば、その分野の科学の成立を追体験していく厳しさと楽しさが分からなくてはならない。教員養成大学にいる学生ならば、かえって、そういう科学創造の追体験が必要なのだと思う。科学そのものをしっかり学べるカリキュラムが必要なのではないか。それを心得て獲得している教師こそ子どもたちの前で科学者なのではないか」。

教員養成系の学生ゼミナール集会では、よく、堀尾輝久や牧柾名の国民の教育権論文を引用し、レポート作成を行った。しかし、その引用は堀尾の論文を時期的な発展を丁寧に追って検討を加えるというものではなかった。牧と堀尾の主張の違い（対立）などにも気づかずにいた。

大学院の受験勉強の時には、教育行政学の本を一冊ずつ読み終えていくよう心がけた。すると、国民の教育権論そのものに「発展の跡」があることがわかってきた。論者による微妙な違いや（あるいはきびしい）対立があることにも気づかされた。違いや対立があって、理論が発展してきたということも理解されてきた。

大学院の受験勉強は、専門の教育行政学ばかりでなく、教育学一般の勉強も必要であった。それも大切なことであった。教授学的な専門性に依拠した叙述の「……だから教育の自由は必要なのだ」という主張が、教育行政学者にはない説得性があって、新鮮に響いた経験もあった。これは広い体系に目をおくことで、かえって固有の学問の魅力をいっそう深める契機を生みだすということを教えてくれたことにもなった。

受験勉強は辛《つら》かったが、専門性を身につけるためには忍耐強い勉強スタイルが必要なのだという精神を鍛えたように思う。奇を衒《てら》った主張をしてみたいという気持ちは隠しようがないが、学問は所詮オーソドックスなところで勝負しなくてはならないのだと思えるようになってきた。大学院の勉強がやっとはじまる。

寅と知識人

私は、大学院博士課程一年の時、全国大学院生協議会の議長を務めた。その発行紙『全院教ニュース』の「まほろば」欄に、次の文章を書いた。

映画『男はつらいよ』(山田洋次監督)は、「知識人」のあり方を考えさせてくれる。主人公の寅は、「知識人」が大嫌いである。「手前《てめえ》さしずめインテリだな」と寅が言うとき、そこには庶民をさげすみ、思い上がった「知識人」への批判の感情が込められている。学歴にまつわる権威や名誉に無頓着である。しかし、無頓着でいられるのは、それだけ人間的な優しさや感情の細やかさを大切にできる高い資質をそなえているからである。寅は妹さくらやとらや一家から愛され、美しい人を愛することで、この資質を見事に形成してきた。寅は、全くのはみ出し人間だが、はみ出す自由によって私たちに今日の支配的な価値と根本的に異なる価値を教えてくれる。だから支配的価値におもねることのない「知識人」に対し、寅は深い親しみと尊敬の気持ちをもつのである。

さくらの夫、博は、となりのタコ社長の経営する朝日印刷工場に「労働者諸君」とともに働く。博は、食卓を囲んで、寅に、恋愛を「人間らしい感情である」と言い、芸術に感動することを人間として生きる「証」であると語る。人間の根本的な価値にかかわることについて、大学の教授ではなく博が話すところに、学問におけるリアリティの回復の問題があらわれている。

学問にはおよそ縁のない寅ではあるが、しかし、学問のないことに人一倍悔しさを味わうのも寅である。「こっちに学問がありゃうまいこと答えてやれるんだけど、ほんとうに学問がねえっていうのは口惜しいよ」。女《ひと》を愛しはじめ、その人の幸せを願うとき、学問はどんな力を与えてくれるのか。寅は大切な問題を私たちに投げかけている。

教師による「学校」批判

この文章は、丹羽徳子（岐阜県中津川市神坂小学校教諭）の実践記録「自分をいつくしんでみつめる子どもに育てる授業」(『生活綴方《つづりかた》教育　生き方を学びあう綴方の授業　2』駒草出版、一九八七年)に対する批評を目的にして書かれた。私の最初のモラル論だったような気がする。

丹羽徳子先生は、ここに登場してくる六年生との出会いで、彼らが「吐くように投げかけたことば」のうちに、彼らの「教師・学校に対して根づよい不信と反発」を感じている。彼らは「プラスにみられることが少な」かったのである。しかし、六月、一人の男の子から「先生、みんなの前で読まんどいて」と念を押されてわたされたノートに「もつれた糸の先っぽがみえだした」とする。そして一〇月、原真智子の綴方「ちいさいときの自分を思い出すとたるいけどむごかったなあと思えてしかたがない」が出てきたとき、この綴方を授業でとりあげることを決意する。

丹羽先生がこの真智子の綴方をとりあげるにいたったのはなぜか。それは次の点にあるのではないか。

すなわち、今日の学校は、子どもの学ぶねがいに十分応えることができず、人間的成長を促す場になりえておらず、むしろ子どもたちの発達の危機をつくり出す要因にさえなっている、との自覚が丹羽先生に強くあったのではないかということである。それはひと言でいえば、教師による学校批判ということであろう。今日の学校がはたしている客観的な機能とその機能を否応なく担わされている教師の立場をみつめなおし、その点を踏まえつつ、子どもの悩みによりそいながら学校のありようを探っていこうとする姿勢が丹羽先生にはあるのではないだろうか。丹羽先生の綴方授業にはここに一つの意義が隠されているように思われるのである。

今日の学校は、能力主義的選別の機能をいっそう肥大させ、子どもたちを早い時期から敵対的競争関係に投げこむとともに、教師の教育活動を機械的で形式的なものにますます変質させていくよう働いている。教師の教育活動は、子どもの心にはたらきかける活動から切りはなされて、知識の形式的な伝達の活動に転化している。教師はみずから「所有」する知識を機械的に計画的に子どもたちに伝達すればよいという感覚にとらわれ、そして子どもたちは、学力を「獲得」するというより、物と同じように「所有」するものと観念しはじめてきているのではないか。学力は「所有量」としてあるいは他人に対する「卓越する力」(C・B・マクファーソン『所有的個人主義の政治理論』合同出版、一九八〇年)として規定されるようになるのである。

そして現代の管理主義的学校経営の体制はさらにこの傾向に拍車をかけ、教師はますます「能率的で事務的な対応」に追われ、日々の教育活動はそのようなものとして「日常化」してくる。このような教育活動の「日常化」は、その行動と活動を「無反省のメカニズム」に転化させ、子どもたちを「操縦可能な事物」とみなし、そのように処理し、解釈するようにさせていく(カレル・コシーク『具体的なものの弁証法』せりか書房、一九七七年)。

こうしてみずからの教育活動が子どもたちにどのように受け止められているのかの吟味を怠らせ、学校が子どもにおよぼしている否定的状況に教師が気づくことをひどく困難にさせることとなるのではないだろうか。子どもの人権保障を展望しつつ、「学校のシステム」を次のように捉える教師の発言はこのことをよく示している。

「学校はひとつのシステムだから、毎日のやるべき課題をもって流れているわけね。教師からみてそれが順調に流れていると思われるときは惰性でどんどん経過して、その形が積み重なって、さらにどんどんできあがっていくんですよ。それにたいして異議ありという提起を受けないと、そういう流れにたいして〝待てよ〟というふうにはなかなか思わないんですよ。恥ずかしながら」（「教職員と父母で子どもの人権を守る学校をどうつくるか」、『教育』一九八六年一月号、岩辺泰史〈東京葛飾の小学校〉の発言）。

今日の学校が、学力を「所有」するものと観念するようにうながしながら、教師をそのような機能を担う担い手へと日常的に位置づけつつ、「無反省のメカニズム」に入りこませるのであるならば、では、教師はこの「無反省のメカニズム」をどのようにして断ち切っていくことができるのであろうか。

生活綴方の意義はまさにこの点に関わっていると思われるのである。

真智子の綴方には、いわば学力の「所有」的形態を否定するあるいはその傾向にストップをかけ、学力が真に「獲得」されていくべき内実のその一端があらわれていたのではないだろうか。真智子は、幼い頃姉の久美子に本を読んでもらった経験に重ねながら、自分がいじめられて「むごかった」自分をみつめなおしている。姉に本を読んでもらった、というこの学習関係は、学力の「所有」的形態をうながす今日の学校の教育活動とは異質な次元を構成する内容をもつのではないだろうか。日々営まれている学校での学習と比べ、それはきわめて小さなできごとであり、一見無力とさえ思える学習の行為ではあっても、やがては一人の子に学校がおよぼした「むごかった」過去を見つめさせる力となったのであった。

綴方にうつし出された子どもたちの学校批判のメッセージには、今日の学校を支配する論理を根本的に問い返す内容がもりこまれており、そのことはひいては教師に「無反省のメカニズム」を断ち切らせていくことをもとめていくのではないだろうか。だから問題は、教師が子どもからのメッセージに鋭く応じられるかどうかであり、そうしたメッセージを子どもたちが不断に発せられるように日常の教育活動を組織していけるかどうかである。

生活綴方の教育実践とは、何よりこのことに自覚的であるべきだろうし、丹羽先生の実践はその点を示しえた一事例といえるのではないだろうか。

私の卒研指導で

私は、大学では家政学の学科に所属し、家庭科教員の養成を主な仕事にしている。ほかに、卒業論文を担当している。卒論は教育問題に限らない。この卒研指導が、私にとっていろいろ考えさせられる機会となっている。

大学の『卒業研究の手引き』に私は、「教育学を学ぶ主体的な契機は、自分自身のこれまでの生き方（被教育体験）への問いかけにあります。その問いかけをウンと大切にすること。教育学の出発はそこからです。／だから教育学は『なんでもありの世界』です。自分が切実に感じる問題が教育学の対象になるのです。あえていえば、切実な問題を教育学的に考えること。それが教育学です」と書いている。つまりどんな問題でもかまわないよ、と学生に言っている。二〇一九年度は一一名、前年度は一二名の指導生がいた。数は多いほうだろう。

学生の受けとめ方はさまざまだろうが、テーマをはっきり絞りきれない人や自分の生き方を一度深めてみたいと思う学生には、私のゼミは楽して入りやすい「穴場」なのかもしれない。「社会人力」（専門知識と技術のほかに、コミュニケーション能力や調整力など）の形成を大学四年間で急かされている彼女らにとって、私のゼミ選択はどんな意味をもっているのだろうか。やや不思議な気持ちで日々を過ごしている。

卒研テーマは、化粧、アイドル、恋愛と不倫、食と家庭、痩身願望、ファッションと女性雑誌、不登校など、さまざまだ。そんななか、こんな学生がいた。卒研の締切が迫ったころ、「先生、卒研のテーマを変えたい。高校時代に私は友人から告白された。それが契機で、その友人とは関係が切れてしまった。それがずっと引っかかっていて、それをテーマにしたい」という。「研究テーマを変えることは構わないが……、あれ、君は確か出身は女子校だったかな」と私。セクシュアル・マイノリティとの出会いを通して、彼女は自分の生き方を考える卒論を仕上げていった。

もう一人。この学生も、ブライダルの会社に内定を得て「若者の結婚式事情」を卒研のテーマにしていたが、突然にテーマの変更を申し出てくる。幼少期、母の再婚相手である新しい父親からひどい虐待を受け、母子ともに児童保護施設に避難した。その後出会ってお世話になった里親（制度）について調べたいという。

自分が切実に感じる一身上の問題を抱える、少なくない現代の学生がいる。その問いをウンと大切にするようなこと、それはしっかり学問の対象になるはずである。自分の生き方やそのつまずきが自分一人の問題ではなく、社会的な広がりをもって存在し、それを学問的に解明できるということを少しでも経験してもらいたい、と思ったりする。

彼女たちが一身上の問題にたどり着くには、やはり時間がかかる。効率主義と成果主義を求めるいまの大学教育のあり方のなかでは、このような問い自体を抱えることは何となく憚《はばか》れてしまう。「問い」の意義を確信するまでには困難が多いのかもしれない。

「社会人力」形成の成果を明確に社会に表示することが大学にひどく求められている。就職率何パーセント、○○資格取得者と○○免許合格者何名、という成果表示が大学存続（生き残り）の鍵となっている。私が卒研指導で感じている少なくない学生の一身上の願いに応える努力と、たくましい社会人力（専門性と適応能力など）の形成をめざす成果主義への大学の努力との間には、じつは簡単には越えがたい溝があるような気がする。両者をともに求める途はまだまだ模索途中だろうか。

私の教育と研究の歩み

私は、東京家政学院大学で教員養成の仕事を担当し、二〇二二年三月に定年退職となった。二六年間、お世話になった。大学を去るにあたって、以下のような文章を記してみた。

1 「私は教育研究の永遠のしろうと」(勝田守一)

私は、一九九六年に、東京都立大学(助手)から現在の東京家政学院大学に職場を移した。主に、教員養成の仕事についた。教職科目の教育原理や教師論、教育制度論などを受けもった。教育学の専門科目などは基本なかった。大学では、教員養成(家庭科教員や小学校教員など)の仕事をしっかり果たすことが求められた。私は、毎回の講義を行うことでいっぱいいっぱいであったが、あれこれ考えて、数年前にほかの教職員と一緒に、学内に「東京家政学院大学教師教育研究会」を立ち上げた。教育現場の教師になった卒業生に大学に来てもらって、教職希望の学生さんの前で話をしてもらう企画(公開のシンポジウムなど)であった。教師の希望と困難が中心テーマであった。五回ほど続けたが、コロナ禍で中断してしまった。

博士課程を含めて、大きな大学の教育学科という組織に所属する研究者を、専門性を看板に背負って研究できる環境から羨ましく思うこともあった。しかし、今は、この大学で退職できることに

「よかったな」と感じている。なにより、私のような人間を受け入れてくれた大学の教職員の方々に感謝の気持ちでいっぱいである。

私は、自分の専門は何かを聞かれるといつも困っていた。はっきりしないのである。ほんとうに、ここ数年でやっと日本近現代教育思想史研究かなと言えるまでになった。専門性を深めるというよりは、教育と人間の根本的な問題が気になってしかたない、という風な問いを立て続けてきた人間のような気がする。学生さんと一緒に自分の生き方を考えてみる、そのような教育学的志向を抱えてきた人間であったような気がする。私のような研究スタイルを許してくれたのが東京家政学院大学の環境であったのかなと思っている。

専門性にこだわってそこをふかく追い求めるというよりは、むしろ教育の問題に張りつく人間の根本をあれこれ考えていく、そのような研究的な習慣（habit）が形成されてきた。あいまいさは残るが専門を越えて人間の根源にできるだけ触れる、そのような研究をやってみたい。そうしたこだわりが許されたということであろうか。勝田守一は「私は教育研究の永遠のしろうと」と言ったそうだ。傑出した教育学者の言葉には深い意味が込められているのだと思うが、私はこの言葉に惹かれながら研究を続けてきたような気がする。

2　「人不知而不慍」（論語）

私の最初の著作は『総力戦体制と教育科学』（一九九七年）である。その後、現代の教育問題にも関心を持つように心がけてきた。教育科学研究会編『教育』（国土社、そしてかもがわ出版、現在は旬報社）の編集長を務めたこと（一回目二〇〇三年九月〜二〇〇六年五月、二回目二〇一〇年一一月〜二〇一三年一一月）は私にとって大きな意味があった。関心は現実に向きあう緊張感をともなっていた。その成果は、教科書問題を扱う『「誇示」する教科書』（二〇一九年）と3・11後の地域調査を試みた『災禍に向きあう教育』（二〇一九年）に著すことができた。

私は、一方で、戦時下の教育と教育学を検討した『総力戦体制と教育科学』で試みた歴史研究を手放さないようにしようと思った。ほそぼそでいいから、歴史の研究を続けようとした。鶴見俊輔が言っていたと思うが、「現代の人々はボートを漕ぐように後ろ向きになって、過去を見据えて前に進まなくてはならない」という言葉がすっかり気に入ってしまったからかも知れない。小沢有作先生の志を手伝って、日本植民地教育史研究会の結成（一九九七年）に関わり、今日までこの研究会を続けてきた。

最初の本は、戦前教育科学研究会における戦争責任をきびしく問うものでもあった。学会内部ではこの点で少なくない批判が起こり、私もいくつか反論を書いた。論争の状態が生まれたが議論は活発にならず、現在でも、教育学界全体ではこの問題は触れたくない問題の一つになっているような気がする。

私は、理解を得ることの困難さと寂しさを感じながら、やはりこの問題はしつこく深めていくべきだとの気持ちを強めてきた。戦前の教育学における戦争責任を追及した『総力戦体制と教育科学』、戦時下の教育学における植民地支配責任を検討した『植民地支配と教育学』（二〇一八年）、そして、戦後教育学における戦争体験を問いながら戦後責任を考えようとした『戦後教育学と戦争体験』（二〇二一年）を著してきた。最後の『戦後教育学と戦争体験』は、どのような思想と理論こそが戦前の戦争責任を真に取りうることになるのか、その教育学固有の表現とは何かを究明しようとするものであった。

『論語』「学而第一」の「人不知而不慍」（人知らずして慍《うら》みず）。これは「人がわかってくれなくとも気にかけない」（金谷治訳注『論語』岩波文庫）という意味だと思っていたが、『河上肇評論集』（岩波文庫）を読んでいて、「努むることの足らざるを恐れよ」という内容が含まれていることを知った。うらむ前に人にわかってもらえるように文章をもっと鍛えなさい、ということかと納得した次第だ。教育と教育学における戦争責任問題（＝戦後教育学とは何かにつながる）については、今後も考え続けていけたらと思っている。

3「加齢は人をラジカルにする」（天野正子、東京家政学院大学元学長）

子どもと人間の発達と成長を信じて教育学の研究をすすめてきたのだが、自分自身の成長はどうかとなると、途端にこの信念が消え失せる。

作家の三谷幸喜は自分を「精神年齢は大学時代で止まったまま」と述べ「威厳なき60歳」と語り、「自分は字が下手である」と書いている（『朝日新聞』二〇二一年八月五日付夕刊）。「台本のゲラチェックは、印刷原稿に直接鉛筆で書き込むのだが、(三谷は) 7歳の息子にチェックさせているのかと思われる可能性大。この歳になって、いまだにこんな子供のような字を書いている自分が情けない」。おかしくて笑ってしまう。私の字も小学校二年生くらいである(2年生に失礼か)。

大人の風格などどこにもないと三谷は言うが、脚本家としての成長は別のところでしっかりはたされているだろう。

私も、「大人の風格や立派さ」についてはかなり早い時点であきらめてきた感じがあり、現実の自分の姿(未熟さ)にすっかり滅入ってしまうことしばしばであったが、その分、家族や周りの人たちによって「生かされてきた」という事実に気づき、その気持ちは大切にしたいと思ってきた。

そんな私だが、「老齢期の学問」ということを考えはじめている。「加齢は人をラジカルにする」(天野正子『〈老いがい〉の時代――日本映画に読む』岩波新書、二〇一四年)。だんだんと死に近づいていくにしたがって、自分のやりたいことはほんとうは何だったのだろう。このような問いかけを、人は「老い」を自覚することで始めるような気がする。私も「ラジカルな問い」を宿すことのできる歳恰好《としかっこう》(老いの準備)になっていければよいのかなと思っている。

終　章　教師のモラルを問いながら、子どもと親を寿ぐ

――大江未知の実践

断ち切られた学び――コロナ禍の学校で

二〇二〇年二月二七日に、三月からの全国一斉臨時休校措置が出る。翌二八日の朝、大江未知学級（兵庫県公立小学校、五年生）の子どもたちは号泣。「ひな祭り給食も食べたかったのに」「6年生を送る会、できひんの？」「6年生が可哀想すぎる！　酷《ひど》いわ！　子どもの気持ちが捨てられてる！」「小学生は、コロナウイルスにかかりにくいって聞いたから、様子を見てから休校にすればいい」「子どもの意見も聞いてほしい」。大江は、子どもたちの声を聴いて、涙がこみ上げる（「詠んで、読んで、楽しんで」、『教育』二〇二〇年六月）。

子どもたちに相談もなく決めた三月の全国一斉の休校措置に（子どもたちには意見表明権が保障されているはずだ）、大江は憤る。三か月に及ぶ休校を経ての六月の休校措置解除を喜び、「やっと子どもたちと授業ができる幸せにワクワクする」（「子どもを寿《ことほ》ぐ学校を」、『コロナ時代の教師の仕事』旬報社、二〇二〇年）。子どもたちにとって、奪われた三か月は「どんなに大きかったことだろう」と考え、大江は子どもたちのコロナ禍体験を聴きとることを重視して、授業を開始した。自らの「教師のモラル」を探るようにして、子どもとともに生きる教育実践を拓《ひら》こうとした。大江実践を、私はそのように感じた。

大江は、子どもたちがコロナ禍の体験を通して何を感じ考えたのかを、まど・みちおの詩「ぼくが、ここに」を子どもたちに読み解かせて、語らせることを試みる。人間が「ここにいること」のすばらしさに気づかせてくれる詩を通して、コロナ禍の体験を考えてみる実践であった。

結衣はこんな感想を記す。「自分は、コロナで頑張れなくて、しんどくなるばかりで、勉強も手につかなかったから、消えたいなって思うことがあった」。

「最近は、本当にみんな平等なんだろうかと思うようになりました。黒人差別やコロナのアジア人差別や殺人など、人間は守られているんだろうかと思います。人権尊重をうたっている詩にも見えました。侵すことのできない永久の権利である人権を、守るためには、考えなくてはならないことがたくさんあります。貧しさが命を奪うなんてだめだと思いました」。

結衣は、四年生のとき、学年が荒れ、いじめを何とかしようとしたが、うまくいかず、ついにはいじめに荷担してしまう。そんな自分の姿を責める子どもであった。

六年生を送る会の実行委員会の委員長を引き受け、「先生は黙ってて。自分たちだけで頑張りたいねん」と張り切っていた。そして、突然の休校措置に「号泣した一人」だった。奪われた三月は、「(結衣にとって、その痛みは)どんなに大きかったことだろう」。

自分に抑圧的にしか感じられない勉強を中心にした、日々の揺れ動きの感情を記すとともに、コロナ禍の下、黒人差別やアジア人差別という事実をしっかり見すえようとする意思を、結衣は示す。いじめに荷担した自分の罪を責め、コロナ禍の下、勉強に手がつかず、「消えたい」と思う痛みを感じながら、人権という「普遍的な価値」に自らの認識をのばそうとする、私は結衣のその試みに注目する。人類の普遍的な価値について、どんな段階であってもそれに近づいて獲得するためには、人間は自らが冒した「罪と痛み」（人間の悪）を自覚しないではいられないものではないだろうか。人間は、子どもを含めて、自らの悪を冒さなければ生きていけない存在であり、それ故にこそ、「普遍的な価値」（人間的な善）への憧れと願望が強められるという生き物でもあったろう（北田耕也『大衆文化を越えて』国土社、一九八六年）。結衣は、そうした真実を私たち大人に気づかせてくれる。子どもの生きる苦しみは「人類的な重み」をもって現れてくることを教えてくれる（坂元忠芳『現代の子どもと生活綴方《つづりかた》』青木書店、一九八五年）。

結衣は、四月に緊急事態宣言が出され、五月末まで休校が決まった時、大江にこんなメールを出していた。

「気が狂いそうです。毎日風呂の中で暴れています。こんな世の中なのに、塾だけは、粛々とオンライン授業やってます。人が死んでるのに、私の受験だけは、確実にやってくる現実っておかしくないですか?」

ここには、偉大な「疑問」が隠されている。こまごまとした小さな正解を、それにどんな意味があるのかと疑問を差し向けることを許さない、そんな受験勉強なんかは拒否したい。人の死のそばで「平然」と勉強することを強いる、そんな勉強にいったいどんな価値があるのだろうか。本当の学びとは何か、という「問い」。結衣の傷ついた心はこのような疑問に挑んでいるように受けとめることができる。

コロナ禍の下、子どもたちの「学びの遅れ」ばかりを問題にし、学習指導要領の完全履修を絶対化するような文科省の姿勢を批判する、偉大な「疑問」（問い）が結衣の心には宿っているのではないか。大江は、子どもの声を聴いて、教師のモラルを深く問わずにはおれなかったのではなかったか。大江のコロナ禍休校措置あけの教育実践は、このようにして始まった。

子どもと親を寿ぐ

大江の子ども理解は、その子の親の生き方に触れるとき、いちだんと深まる。

二〇一九年四月、五年生を受け持ち、克と向きあう。克は、四年生の時、いじめの中心だった。色白で、細い目、面長。お内裏様のような顔で、表情が動かない。固く閉じたたたずまい。教師である大江も学級の子どもたちも、拒んでいるように見えた（以下の記述は、次の文献を参照。大江未知「しらん・わからん・ほっといてが『あのね』に変わるとき」、『教育』二〇一九年一〇月、「人間になること」、『教育』二〇一九年一二月、「子どもを寿ぐ教育学――ログとガチャをこえて」オンライン教科研教育学部会報告、二〇二三年二月一八日）。

克は、「ルールを守る」ことを、めざす学級像と考える。道徳の時間。光村図書『道徳五年』の「どうすればいいのだろう」の読み取りの時、克はすばやく正解を述べる。

「分かっていてもできないのは、弱いからです。強い心をもって、弱い自分に打ち勝てばいいと思います。正しいことをするのは勇気がいりますが、心を鍛えればいいと思います」。

道徳教科書のねらいは、「分かっていてもできない自分を見つめ、どうしてできないのかを考えましょう」であるが、克にとっては、決められたルールがある以上、心の葛藤《かっとう》は無用であり、その実行度こそが重要なのだということなのだろう。

授業中、教師の話を聞くよりも、学級の他の子どもたちの様子を気にしている克。「純、下敷きを敷いていない」「大、手いじりするな」と注意する。他の子が授業に集中し始め、考えを深める絶妙のタイミングで、克の声が響く。教師の立場からすると、ここで授業は台無しになる。「他の人のことはいいから」と言うと、克は「放っておけませんでした。先生が言わないから言いました」と返す。学級全体が沈み込む。「克は全体が心地よくなる状態が怖いのかも知れない」と大江は思う。

グループ学習の際、違うグループの純に向かって、突然に言う。「きたない!」「人の嫌がることをしてはいけないのがルールですよね。今、鼻をほじって、手をなめましたよね。やめて下さい」。純はアレルギー性鼻炎で顔全体が痒くなる。「ごめんなさい」とつぶやき、「気持ち悪いと言わないでほしい」とモゴモゴとやっと言い返す。克は「でも、鼻くそを飛ばす必要はないですよね」と畳みかける。

大江は、「気持ちが悪かったのは分かった。だけど、汚いなんて言うのは酷い、失礼だよ」と諭すが、克は「僕が我慢すればいいということですか? 先生なんだから、ルールを守らせてください」と大江を睨む。大江は、「この子は共に教室にいる純を傷つけるより、ルールが大切だと本気で思っているのだろうか」と思う。

気分が悪いといって、保健室にたびたび休みに行くさっちゃんが明かした事実。「4年生のとき、克ちゃんたちが騒いで授業にならなかったので、はじめは何とかしようと努力した。けれど全然収まらず、そのうち純へのいじめが始まった。でも、純はヘラヘラしてるし、先生も全然なので、純にも先生にも腹が立つようになった。克ちゃんが純の鉛筆の芯を全部折ったり、教科書を取ったりしているのを見ても注意しなくなったし、純の消しゴムが回ってきたときも純に返さずに回した。純が触ったものは、汚いと避けたし、みんなの唾で純の机を消毒しろと言われたときは、唾を吐いた。5年生になって、みんな忘れたように振る舞うのが許せない。つらい。もうがんばれない。学校は休まないけど、保健室では休ませてほしい」。

大江は思う。克たちは、二年生と三年生の二年間、スタンダード訓練の中で、ルールを守ることが一番大切だと教えられてきた。自分に向き合い、人の深みを理解する機会をほとんどもたずにきたかも知れない。浅く表面的なものを「人間関係」「ルール」などの言葉に置き換えてきた。子どもたちが考える時間や方法を奪い、自分の声を聞くより、「今」を生きるのに都合のよい人間関係を訓練したのは、私たち教師や学校だったのではないのか。克を単純に責めてはならない。子どもへの不信よりも、彼がそうすることしかできなかった事態の認識こそが大事なのである。

克は、ルールを守ることで人間的関係を維持しようとするが、明らかにそこには、人間的な関係の切り裂かれが生まれている。心地よさを嫌い、嫌悪と攻撃性だけがするどく表面に出てきてしまう。周囲への断絶・無関心と暴力性のみが自己の表現になってしまう。大江は、克に、与えられたルールの重視ではなく、人間的な感情を発達させ、もう一人の自己と対話していくような、そのような「人間的な葛藤の重み」を背負ってみてほしい、そのような願いを抱く。人間的な重荷を一つひとつていねいに背負わせる、という大切な教育の課題である。

克の祖父は社会的地位が高く裕福である。父親は長男で一人っ子、学校の成績はよく、祖父から期待されて育つ。中学校時代、夢中になっていたサッカーで、骨折の事故に遭い、レギュラーから外され、やがて退部。成績は急落し、希望通りの進路に行けず、消防士となる。「元ヤン」の母親と結婚、二歳上の長男は「できちゃった婚」、克は次男である。

家庭訪問や個人懇談の時は、主に父親が対応、学校の書類全部を父親が書く。家庭環境調査の「わが家の家庭教育方針欄」にこのように書く。

「4年生の時、授業妨害や他のお子さんへのいじめ等の問題でたびたび学校から連絡を頂きました。悪いことは悪いと厳しく指導してくださって結構ですが、家で、子どもによく聞いて見ると、毎回、学校の説明と齟齬がありました。学校から謝罪を受けたこともあります。我が家の教育方針は『やられたらやり返せ』です。誰がいちばん悪いのか、問題点をはっきりさせ、納得できる指導をお願いします。間違いのない指導であれば、体罰でも文句は言いません」。

父親は、克の兄をいじめられっ子だと思っている。兄が六年生の時、「指導力不足の担任を代えろ！　いじめた子どもたちを転校させろ！　いじめた親は、校長室で土下座して謝れ！」と学校に怒鳴り込んだ。祖父の社会的地位の影響か、校長が要求を丸呑みしてしまう場面もあった。一時、教師も父母も対立し責め合う関係に陥って、大混乱した。

家庭訪問では、「先生、なめてかからないでくださいね。3年生の時は、厳しい先生だったから不登校になった子はいたかもしれないけれど、教室は落ち着いていて、うちの子は3年生の先生が大好きでした。子どもって、殴ってでも教えてやらないといけないことがあると思うんです。4年生では先生が甘すぎたから、乱れたんだと思います。学校が保護者に負けてどうするんですか。殴ってでも言うことを聞かせてください」と言った。

父親は、二人の男の子を「男らしく立派に育てたい」と、子育てに積極的であった。グズグズ言う子どもに、「手が出る」こともしばしばだった。夕食前、三人でランニングを行い、子どもと一緒に御飯を食べ、晩酌するのが楽しみだった。

兄が中学生になって、父親との関係がギクシャクしはじめ、兄はランニングに来なくなる。理想の家庭像が揺らぎはじめる。母親は「子どもを叩くのはやめてほしい。お兄ちゃんを一人前に扱ってほしい」と願っている。

克はボール運動が得意で、少し遠くのクラブ（バスケット）チームに通っている。母親は学校が終わるとすぐに車でお迎えに来る。父親は「克は壁にぶつかっている。シュート率が悪いから、レギュラーに一歩届かない」と残念がる。克は「理想の家庭」を目指す両親の期待を背負っていた。

大江は、一年を振り返る三学期、俳句に取り組む。「バスケットうまくなりたい　オリオン座」。克の俳句が一番人気となる。「冬のオリオン座を見て、頑張ろうって自分を励ましている気がする」。子ども達の感想だ。

「シュートが下手すぎ」との父親の指摘に応えようとする克。学級の子どもたちに自分が理解されて（受けとめられて）、克は少し笑えるようになる。シュートの際、力を抜く技が身につく。「大江先生は、バスケットの指導もお上手なんですね」と父親に褒められる。

隣のA小学校とバスケットの交流試合が行われる。毎年、一〇〇対六のようなスコアで負け続けている相手。しかし、今年は勝てるかも知れない。克の父親は、プロ選手をコーチに頼む。自らボールを準備したり、コートにモップをかけたりした。学校を責めてばかりだった父親は、労を惜しまず協力した。

プロ選手は佇《たたず》まいが違った。「バスケットはボールをつないでいくスポーツです。一番大切なのは、息を合わせることです」。ひざ、腰、胴、手首、指先がつながって滑らかに動いて、美しいシュートが放たれる。「体を全部使って、楽しんで練習しましょう」。子どもも教師も深くうなずく。克は、他の子に、少しやさしくていねいに教えるようになる。

交流試合はA小学校に勝った。ウソのようなホントの話。保護者懇談会の時、克の父親は「バスケットはみんなでボールをつなぐスポーツですから、子どもたち全員の頑張りです」と笑顔を見せた。結衣の父親は「4年生の時は、娘が家で荒れて心配しましたが、こんなに楽しい5年生が過ごせて……」と言葉を詰まらせて泣いた。

子どもが現在のような競争主義的な社会の中で自立して生きていくためには、規律重視の学校秩序にできるだけ従うような心性を身につけなければならないことは確かであり、さらに同時に、古い関係を孕《はら》んだ家庭での「甘え」を許さない気持ちが生まれてしまうことも避けがたいであろう。親もまた能力主義社会で一定の地位を得ていくために、家庭における「甘え」を持続する困難を、身をもってあじわっていよう。現代における教育の危機の深刻さがここに示されている。

人間にとって、教育にとって、ほんとうは何がもっとも大切なのだろうか。大江が語る子どもと親を寿ぐ実践は、教育の危機を越えるある重要な手がかり（教師のモラル）を示しているように思われる。

子ども（人間）に対するなんともいえない嫌悪の情に陥ってしまう。「いやだなあ」と、自分の不機嫌な顔が自分でもわかるような事態に直面してしまう。それでも教師は、子どもを信頼しなければならないのだろうか。「そう、子どもを信頼するほかないのだ」というのが、大江の「子どもと親を寿ぐ」実践の思想なのだと思う。

私は、「人間への信頼とは何か」を考えた哲学者の吉野源三郎が、若い世代に語った言葉を思い出す。一九四五年のアジア侵略の無残な敗戦直後、人の心も街もすっかり荒れ果てた東京の地をさまよっていた吉野は、このように考えた。

「自分で思っているよりももっと深い心の底で、自分でも気がつかなかったほど痛切に、私は人間への信頼をほしがっているのでした」。

「もしも私が人間というものを信頼せず人間を愛するに値しないものと認めるならば、もう私にとっては、真剣にならなければならない事がらは一つもない、といってよいことになる」。

「皮肉なことに人間は、人間を信頼しなければ、人間としてなにごともできないようにできているのでした。人間への信頼は、人間にとって生命にもひとしい」。

（「ヒューマニズムについて―人間への信頼」、『ジュニア版　吉野源三郎全集2　人間の尊さを守ろう』ポプラ社、一九六七年）


私は、大江実践は、吉野が考えるような「人間への信頼」という根源的な思索へいざなうものなのではないだろうか、と思う。ここに、その意義がある。

子どもの自立と親の自立

子どもの自立と発達の問題は、家庭と家族をめぐる人間関係のあり方のなかにもっともリアルに現れる。それは「教育危機の深さ」として受けとめてよいだろう。

大江が語る教育実践には、親と子の関係性の大切さがよく示されている。エッセイ集『魔女先生の玉手箱』（しんぶん赤旗日曜版、二〇一四年四月〜二〇一六年三月連載、私家版）より、いくつか拾いだしてみる。親と子の切ないまでの関係性を、教師は静かに見守っている。

二年生の純は学校に来ない日が増えてくる。ときに、授業中、突然に泣き出す。子どもたちはびっくりして困惑する。

「『僕さ、なんで学校に来るのかわかんないんだ』と言い出す。／私は思わず『容易ならざる問題だね』と答えました」。

「『え？』と戸惑う子どもたち。／『変なの…』と純さんが言うので『そういうことはたくさんあるんだよ。今はよく分からないけど、頑張っているうちに分かってくることもたくさんある。簡単に分かることばっかりだったら、つまらないじゃない』と答えました。『ふ〜ん』と純さんは不思議そうな顔をしましたが、いったん落ち着きました。／純さんのお父さんは、リストラされて大変つらい気持ちで寝こんでいます。お母さんは、純さんをずっと抱きしめて過ごしているそうです。容易ならざる問題に囲まれて純さんは生きています」（「魔女先生の玉手箱」第一三回）。

二年生の大輔は、生活態度をチェック表で採点すると〇点となる。毎朝遅刻、上靴は履かない。いつも口に何か入っていて、ゴム跳びのゴムを噛んでいることも。石けんが嫌いで、手洗いをしない。宿題もしない。

「お母さんは寝こんでいます。お父さんは猛烈公務員で、柔道の選手です。お父さんは病弱なお母さんを支え、大輔さんも厳しくしつけようと頑張っているのですが、うまくいかなくていら立っています。大輔さんが石けんを嫌いなのは、洗濯機の前に連れて行かれ、首を突っ込まれそうになったからのようです。／大輔さんは最初、どう関わっても無表情で黙っていました。やがて『うるさい、ボケ』と言うようになりました。そのうち私をちょっと蹴ったりし始めました。『痛いやんか』とくすぐってやると、にこっとすることもあります。緊張して生きてきた大輔さんが、安心して笑う顔は、私の宝物です。／大輔さんもお母さんもお父さんも懸命に生きています。その態度や生活に点数など付けられません。応援しているよ、一緒に生きていこうねって呼びかけたいです」（第二五回）。

一年生の二学期、二週間が経って学級も落ち着きはじめた頃、ひとり四郎だけは違っていた。国語の「木の詩」の授業で、「アホちゃう。人間は木にならへんやろ」と大声を出して学習を台無しにする。眼がつり上がって、疲れ切っていた四郎を保健室に寝かせる。

「四郎さんが保健室に行った後、花さんが『だって眠れないんだよ。寝たらお母さんがいなくなるんだよ』と言いました。私は『四郎さんは、お母さんのことが心配で、お勉強どころじゃなかったんだね』と。／花さんは『心配じゃないよ。怖いんだよ。四郎君が悪い子だからお母さんが出て行っちゃったんだよ』と言います。それを聞いて、子どもたちは『四郎君は怖くてつらくて腹が立ってるんだね』と分かりました。／その日、四郎さんのお父さんから、お母さんが離婚を前提に家を出たと連絡がありました。私はお父さんに『四郎のせいじゃない、と言ってください』とお願いしました。忘れ物などを心配するお父さんに『大丈夫、そんなことは学校で何とかできます』とも話しました。／四郎さんを抱きしめながら、子どもたちと学んでいきたいと思います」（第七三回）。

オープンスクールの時、二年生の陸はうれしそう。大工のお父さんは、その日は雨なので、授業参観に来ることになる。三時間目の図工で、松ぼっくりやどんぐりのヤジロベエづくりを手伝い、見事に完成させるお父さん。

「見事なバランスで揺れているヤジロベエを見て、子どもたちは拍手かっさいです。どんぐりこまや、どんぐり笛も上手で、お父さんは大人気でした。いつの間にか背広（授業参観用の）も脱いでいました。／学期末の個人面談には、初めてお父さんが来ました。『陸と一緒にできることはゲームくらいしかなかったけど、参観から一緒に工作するようになりました。嫁さんが急に亡くなって、子育てはばあちゃんに任せてたけど、ボチボチ頑張ります』と話してくれました。／私は、陸さんはお父さんが大好きで、尊敬していること、引っ込み思案だった陸さんが、お店屋さんの店長になって活躍したことを伝えました。／参観が、寂しかった父と子を結んだような気がしてとてもうれしかったです」（第八四回）。

教育学者の坂元忠芳は、「能力と人格の生活的形成をくぐってこそ、それらにたいする意識的働きかけである教育実践の意味もとらえられる」と述べている。だから、子どもの能力と人格の生活的基盤に関する関心は重要であるし、現代社会のなかで急速に進行する「生活基盤の非人間化」は重大な問題であると指摘する（坂元忠芳『現代の子どもと生活綴方』、同『子どもとともに生きる教育実践』国土社、一九八〇年）。

大江の子どもと親を寿ぐ実践は、自立をめぐる「生活的形成」の重要性を私たちにしっかりと気づかせてくれる。

教師のなかの「ユーモア」と「政治」

教育学者の勝田守一は、人間味のある教師に触れて、次のように言う。「ほんとうにゆたかなはち切れそうな感情からでるユーモアをもった先生は、ほんとに子どもにすかれます」（勝田守一「人間味と深い愛情」、『教育研究運動と教師　勝田守一著作集3』）。

大江未知は、よく笑う先生なのではないか。

ユーモアは、教師が苦しい状況に身を置く「覚悟」を決めたとき――これは大切な教師のモラルである――、自らの教育実践を飛躍させる「魔法の杖」となる（大江は自らを「魔女先生」と呼んでいる。『魔女先生の玉手箱』より）。大江は、この魔法の杖の力を心得ている。

「悪口はやめて下さい」と正論（じつは攻撃性の表示）を吐く克。「純君は悪口なんか言ってません」と純を守る武。二人の言葉を聞いて、考えを深めようとする子どもたち。「困る！　何を困ってるん？」と静けさを破る克のつぶやき。克の「へらへら笑い」のさざ波が広がり、教室は揺れて沈む。何人かの子どもたちの眼が大江（に助け）を求めるように、じっと待つ（前掲「子どもを寿ぐ教育学――ログとガチャをこえて」）。

大江は、「（先生だって）悪口をたくさん言いたくなります」「苦手な人もたくさんいます」ときっぱりと言う。ひとつ息を吸い、「とっておきの悪口、聞かせたげるから、よう聞きや！」と、子どもたちを睨《ね》め回して、（これぞ！）本物という「悪口」をまくし立てた。

「おのれら、よう聞きさらせ！　なめとったら、えらい目にあうど！　おう、お前！、耳の穴からすーっと手ぇ突っ込んで、奥歯ガタガタ言わせたろか！　それとも、その悪いド頭、コンコンと上から叩いて、胴体にめり込ませて、へその穴から世間さま覗かせたろか！　怒ってるから、さわったら、熱いでぇ、やけどすんで、お前の母ちゃんでべそ！　ついでにお前もでべそ！　でべそ噛《か》み切って、くたばれ！」

子どもたちはあっけにとられる。クスクス笑って、「てこてこの大阪弁、でも、先生がそんなこと言ったらダメですよ！」「トゲトゲ言葉は使ったらダメだって、道徳で習いました」。

大江は「アホかいな、大阪の伝統的悪口を伝承するのも大切な地域文化伝習教育や」「腹立ったら、怒ったらええねん。押さえこまれて、辛抱して、私が悪うございました！　なんて、まっぴらごめん！　先生はこれからも怒るし、悪口言うで！　燃える女や！」と続けた。

子どもたちは、授業後、「めっちゃ面白い、ウケる」と言い、「ガン飛ばし、悪口ごっこ」が学級で流行ることになる。一方、克に「悪口、面白くなかった。教えようか？」と言ったが、「結構です」と断られる。克の気持ちとからだはこの時、まだ、動かなかった。

克はともかく、悪口の究極（？）をユーモアで知って、子どもたちは自らの感情（時にしばしば悪の感情）の揺れ動きの原因を考えていくきっかけを得たことは間違いないだろう。教師のユーモアはさまざまだろうが、子どもに向かっての「はち切れそうな感情」によって大江のユーモアは成立した。教室の張りつめた雰囲気をたちまち明るくし、やっかいな追及をさらりと受け流す。ただし、それには洗練された言葉の上手がなければならない。同時に、感じる側の方も言葉の妙味を心得る必要がある。ユーモアは、教師も子どもも同じ人間であることを理解させ、お互いを近づけさせる。高度な言葉を操ることができ、楽しめる共同性が不可欠だ。教室にはぜひユーモアがほしい。

「子どもの声を聴くことは政治である」と大江は確信する（前掲「子どもを寿ぐ教育学」）。勝田守一は、ルソーの教育思想は深い政治的理想（『社会契約論』一七六二年）と相補うものであり、『エミール』（一七六二年）には鋭い社会批判が息づいていると述べていた。「教育の固有の価値を自覚的に追求していくものこそ、深く政治的関心をもたざるを得ない」と勝田が説くとき（「教師の中の『政治』」、前掲『勝田守一著作集3』）、私はこれを大江の実践に重ねることができる。

大江は、勤務校は「輝きっ子100の決まり」を持ち、「子どもを型にはめ込む」学校だと述べる。神戸市の学校のおかしさは、神戸市教育委員会組織風土改革のための有識者会議の最終報告書（二〇一八年）に端的だと言う。「人間不信の新自由主義的教育政策、それを推進する数値目標肥大化などの機械的思考様式が、子どもを慈しむ教育を破戒している」と大江はみる。

だからこそ、教師の中にある否定的な感情も共感的に聴き合い、そのなかから捨てきれない教師としての「しあわせ」を回復させる職員室こそほしい、と望む（前掲「人間になること」）。

道徳科を教える私たち教師は、子どもたちが、学校の生活の中で見せる道徳性の発達からの逸脱や反抗を不正解と断罪するのではなく、その子とともに考え、深く理解する態度を持ちたいと思うと述べ、子どもたちが自分のことを理解し、受け止めてくれる友だちと教師がいなければ、その子の内面をくぐった言葉は紡ぎ出されない、と大江は考える。

「子どもらの痛みは、新教育課程体制に組み込まれ、教員評価育成システムで底辺にいる私と響き合うものがある。子どもの声を聴きとりながら、学校に子どもたちも私も息のできる風穴を開けなければ、教育は死んでしまう。成果ではなく、日々の教室の営み、関わりの中に安心は宿る」(「子どもが安心する教室を」、『道徳教育の批判と創造』エイデル研究所、二〇一九年、所収)。大江における、教師のモラル宣言であろう、と私は受け止めた。

勝田守一は、政治的でない教育の理想は存在しない、と述べている。むしろいっさいの現実的政治を教育の名によって批判しうる理想こそ、教育の理想なのである。現実政治そのものが絶えず教育活動に近づき支配するその実態をとらえ、それに対して教育を守りそれに有効に抵抗する行動を教師に課している。大江がめざす「子どもと親を寿ぐ実践」はこのことを明瞭に示しているといえよう。

あとがき――モラリストとしての教師像を求めて

私は、以前、「教師の誇り」について書いたことがある（「教師にとって誇りとは何か――『モラリストとしての伊丹万作』を考える」、『教育』二〇一一年一月）。これも、教師のモラルを考えようとした試みの一つであった。私は本書で、教師のモラルを困難と抑圧の状況下で教育の本質をとらえようとする精神の働きのことである、と述べてきた。教師がなぜ誇りをもとうとするのか、モラルと同じように考えてみたのである。

教育社会学者の久冨善之は、教師という職業は「教師としての誇り」を保持できなければやっていくことができないむずかしい仕事である、と述べている。東京都の人事考課制度という成果主義は、賃金や処遇を改善しようとして経済的な誘因を原理にすえる制度であったために、かえって、教師の誇りを傷つけてしまうと久冨は指摘した。産業分野の「効率」や「売上」に似せて、教育の成果（教師の仕事）を測ってしまおうとすることはあってはならない原理であると批判した。各種教員調査の結果は、成果主義で「意欲が増した」「職場が良くなった」という回答はほとんどないと久冨はいう。成果主義によって教育の現場は引きまわされ、日本の多くの教師は萎縮《いしゅく》し誇りを奪われているのではないのか、と私は教えられた。教師のモラルを考えてみる、そのようなきっかけの一つになる「教師の誇り」論文で、私はそう書いた。

私は、この論文で、教師の誇り（モラル）はどのようにして形成されるものかを考えるために、戦前戦中の日本映画界を代表する卓抜したシナリオ作家・映画監督伊丹万作（一九〇〇年一月～四六年九月）の生き方と思想に学んでみようとした。彼の映画論・社会批評は鋭く、特に「演技指導論草案」（一九四〇年一二月）は深い人間への洞察に富んだ、芸術的価値創造に向かう俳優に対する繊細でユーモアある演技指導論であった。戦争協力の映画づくり——それは文化と人間性を否定するだろう——が圧する映画界にあって、彼の発言は映画人の誇りをかけた「人間の良心」の声であったように思う。大江健三郎は「モラリストとしての伊丹万作」と彼を呼んだ（大江健三郎編『伊丹万作エッセイ集』ちくま学芸文庫、二〇一〇年）。

太平洋戦争開始のちょうど一年前、日本の民衆のほとんどが全体主義の狂気に突き動かされていく時期に書かれた「演技指導論草案」で伊丹は言う。

「仕事中我々は意識して俳優に何かをつけ加えることもあるが、この仕事の本質的な部分はつけ加えることではなく、抽き出すために費される手続きである」

「めんどりのごとき自信と執拗さをもって俳優を温め温めて、ついに彼が孵化《ふか》するまで待つだけの精神的強靱《きょうじん》さをもたなければならぬ」

「私の見るところでは、俳優は偉大なる指導者……の前では多少ともしゃっちょこばってしまう傾向を持っている。したがって駆け出しの演出者こそ最も生き生きした演技を彼らから抽き出し得る機会に恵まれているというべきであろう。（……演出者は威厳を整えるひまがあったら愛嬌を作ることに腐心せよということになる。）」

「将来の演技指導者たらんとするものはまず何をおいても『説明』の技術を身につけることを資格の第一条件と考えるべきだろう」

「俳優をしかってはいけない。彼はいっしょうけんめいにやっているのだから」

「『信頼』の上に立たない演技指導は無効である」

等々……。

これらの指摘は、長く教育実践（教室の）にたずさわってきた人間の言葉そのものであるかのように響く。言論蔑視の精神主義を嫌い、どこまでも知的に冷静に「説明」する技量をこそ演出家に求める。できるだけ具体的に、想像力を働かせ、愉快に、ユーモアを交えて、人を傷つけない注意深い「指導」を心がける。不正確を意に介しない扇情的で曖昧な表現、大言壮語の強圧的狂信主義が瀰漫《びまん》する戦時下の言論界と文化界にあって、細部における人間の努力とまじめさに絶対の「信頼」をおき、どこまでも事実に基づき文化を創造する人間の形成にこそ最大の価値をすえようとする思想がここにある。誠実に人間と文化を創造する、さまざまな職種の人々が集う現場こそ最も愛すべき空間であり、ぜがひでも居心地のよい所にしたいという強い願いが表明されている。

戦後の一九四六年八月、死の直前に伊丹は、映画界・映画人の戦争責任を問う「戦争責任者の問題」を残す。「あんなにも造作なくだまされるほど批判力を失い、思考力を失い、信念を失い、家畜的な盲従に自己の一切をゆだねるようになってしまった」映画界。それは「人間性への裏切りであり、悪を憤る精神の欠如である」と目が覚めるほどに述べた。伊丹は、全体主義精神に人間性が呑《の》み込まれていく時代に妥協を許すことのない人間であった。私は伊丹のような生き方はできないが、人間と文化を育てる場所にあって（軍事力の形成を優先するのではなく）、人間の努力とまじめさに信頼をおく、どんなに困難な条件の中にあってもその信念だけはけっして失わないようにしよう、という生き様を伊丹から学んだ。

まじめに努力する人間を信頼する。これこそが結果的に全体主義に抗する最大の人間の力となる。これはきっと、現代に生きる教師にとっても大切なモラルになっていくのではないかと思うようになった。

私は、教師のモラルに視点をあてて本書を書いてみた。なぜ、モラルであったのか。まだ、うまく説明できないのだが、それは大学に入る頃から、関心がそこに向かう理由があったような気がする。自分の生き方が気になって教育学を勉強しようと思い立ち、その延長上に「教師のモラル」があったように思う。ひと言述べれば、はやりの教師の資質（論）では、教師のモラルを十分には論じきれないのではないのか、と思ったためかもしれない。この点は別の機会に考えてみたい。私は教員養成の仕事にたずさわってきたから、教師論で本をつくることは一つの夢であった。

新日本出版社で三冊目の本である。今回も、角田真己さんに大変にお世話になった。どうしても書けずに諦めかけた時もあったが、ほんとうに感謝を申しあげる。

二〇二三年二月一〇日

佐藤広美

『直指人心　北田耕也先生追悼集』　…『教育』2021年8月
梯久美子『原民喜――死と愛と孤独の肖像』…『教育』2018年12月
田中孝彦他『戦後教育学の再検討』　…『教育』2023年3月
堀尾輝久『地球時代の教養と学力』　…赤旗2005年10月16日
藤森毅『教育の新しい探究　今こそまともなルールを』
…『前衛』2010年3月

教育学と私
…『教育学と私』都立大大学院山住正己ゼミ、1980年7月
寅と知識人　…『全院教ニュース』1983年5月9日
教師による「学校」批判　…『生活綴方教育』2号、1987年7月
私の卒研指導で　…『教育』2020年3月
私の教育と研究の歩み
…『研究の歩みと著作目録　佐藤広美』2021年12月

終　章　教師のモラルを問いながら、子どもと親を寿ぐ…書き下ろし

あとがき　…書き下ろし

初出一覧

まえがき …『学校運営研究』2010年7月

序　章　教師は子どもとともに生きる …書き下ろし

第1章
1　教師が「人間の命」に向きあう …『教育』2020年12月
2　コロナ禍に向きあう教育 …『教育』2020年9月
3　「教育の力にまつべきもの」 …『教育』2023年1月

第2章
1　「自己責任論」を溶かす教育実践 …『教育』2009年8月
2　「教育の思想」(教育固有の価値)を探り、新自由主義を批判する …『教育』2012年7月

第3章
1　教師の良心宣言はどのようにして可能か …教育科学研究会『「日の丸・君が代」の強制から身を守る法』国土社、2000年
2　教育勅語と教師――浸透と矛盾 …佐藤、藤森『教育勅語を読んだことのないあなたへ』新日本出版社、2017年
3　教師は植民地朝鮮で何を教えたか …内海愛子、加藤圭木、川上詩朗他『日韓の歴史をたどる』新日本出版社、2021年

第4章
田中孝彦『子どもの声と教育改革』 …『教科研ニュース』2008年12月
田中孝彦『子ども理解と自己理解』 …『教育』2012年12月
大田堯『命のきずな』 …田中孝彦編『大田堯　いのちと学び』かもがわ出版、2019年

佐藤 広美（さとう　ひろみ）
1954年北海道生まれ。東京家政学院大学名誉教授（日本近現代教育思想史）。教育科学研究会委員長。日本植民地教育史研究会代表などを歴任。地域民主教育全国交流研究会会員。東京都立大学大学院博士課程単位取得退学。『戦後教育学と戦争体験』（2021年、大月書店）、『日韓の歴史問題をどう読み解くか』（2020年、新日本出版社、共著）、『日本の植民地教育を問う』（2020年、皓星社、共編著）、『「誇示」する教科書』（2019年、新日本出版社）、『災禍に向きあう教育』（2019年、同前）、『植民地支配と教育学』（2018年、皓星社）、『教育勅語を読んだことのないあなたへ』（2017年、新日本出版社、共著）、『21世紀の教育をひらく』（2003年、緑蔭書房、編著）、『総力戦体制と教育科学』（1997年、大月書店）など著作多数。

教師《きょうし》のモラルとは何《なに》か——子《こ》どもと親《おや》の信頼《しんらい》を得《え》るために

2023年6月30日　初　版

著　者　佐　藤　広　美
発行者　角　田　真　己

郵便番号　151-0051　東京都渋谷区千駄ヶ谷 4-25-6
発行所　株式会社　新日本出版社
電話　03（3423）8402（営業）
03（3423）9323（編集）
info@shinnihon-net.co.jp
www.shinnihon-net.co.jp
振替番号　00130-0-13681

印刷　亨有堂印刷所　　製本　東京美術紙工

落丁・乱丁がありましたらおとりかえいたします。

ISBN978-4-406-06755-3 C0037　Printed in Japan

佐藤広美の本

『「誇示」する教科書　歴史と道徳をめぐって』

こんな叙述は教科書にふさわしいか？　日本を過剰に美化する一部教科書を詳しく分析。歴史や道徳の教育にどう向き合うかも考える。

本体一七〇〇円

『災禍に向き合う教育　悲しみの中で人間は成熟する』

受け入れ難い出来事の中で人は何を考えるのか。震災、水俣、戦争……災禍を生きた人々の姿、地域の意味を教育にどう生かすか探究する。

本体一九〇〇円

『教育勅語を読んだことのないあなたへ　なぜ何度も話題になるのか』

安倍政権が「教材として使うことすべてが否定されているわけではない」とした教育勅語。どんな文書なのか、原文に即して考える。

本体一六〇〇円